Jacob Grimm, Friedrich David Gräter

Briefwechsel zwischen Jacob Grimm u. Friedrich Graeter aus den Jahren 1810-1813

Jacob Grimm, Friedrich David Gräter

Briefwechsel zwischen Jacob Grimm u. Friedrich Graeter aus den Jahren 1810-1813

ISBN/EAN: 9783743654471

Hergestellt in Europa, USA, Kanada, Australien, Japan

Cover: Foto ©ninafisch / pixelio.de

Weitere Bücher finden Sie auf **www.hansebooks.com**

BRIEFWECHSEL

ZWISCHEN

JACOB GRIMM

UND

FRIEDRICH DAVID GRAETER.

AUS DEN

JAHREN 1810—1813.

HERAUSGEGEBEN

VON

HERMANN FISCHER.

HEILBRONN.
VERLAG VON GEBR. HENNINGER.
1877.

VORWORT.

Die unten mitgetheilten Briefe, welche die Correspondenz Jacob Grimms mit Fr. D. Gräter fast ganz vollständig darstellen, sind mir von zwei Seiten her bekannt geworden. Die neun Briefe Grimms befinden sich unter dem handschriftlichen Nachlass Gräters in der Handschriftensammlung der k. öffentlichen Bibliothek zu Stuttgart, wo sie mit anderen Briefen mehr oder minder bekannter Männer an Gräter unter der Bezeichnung *Cod. misc. 4º, 30 c.* vereinigt sind. Die elf Briefe Gräters verdanke ich der Güte des Herrn Professor Herman Grimm, welcher mir erlaubte, Abschrift von denselben zu nehmen. Dass die vorliegenden Briefe nicht den ganzen Briefwechsel der beiden Gelehrten enthalten, wird sich unten zeigen; zugleich aber auch, dass nur sehr wenig verloren sein kann.

Die Briefe schienen mir der Veröffentlichung aus mehr als einem Grunde werth zu sein. Briefe von und an einen der Altmeister germanistischer Wissenschaft können nie ohne Belehrung sein über den Stand der Wissenschaft in ihren Zeiten, über die ganze Richtung und Strömung der wissenschaftlichen Bewegung; die ideale Auffassung, die warme, lebensvolle Theilnahme an allen neuen Entdeckungen und Fortschritten, die sich oft bis zum fieberhaften Eifer steigert, dürfen uns, die wir auf solider Basis bequem weiter arbeiten können, immer wider vor Augen geführt werden. Und dieser Briefwechsel hat noch specielleres Interesse. Er zeigt die eben erwachende rein wissenschaftliche Erforschung des germanischen Alterthums im Gegensatz und Kampf mit einer älteren, mehr romantisch gefärbten Richtung, die noch im engsten Zusammenhang mit Herder und mit dem Bardenwesen der Genieperiode steht; und er zeigt diesen Gegensatz an zweien der allerhervorragendsten Vertreter beider Richtungen. Ich unterlasse es, an diesem Orte mich über die moralischen Factoren in dem Streite zu verbreiten, der sich zwischen dem jugendlich kecken Grimm und seinem Gegner entspann, in dessen Briefen vielleicht Mancher eine Illustration und Bestätigung des Grimmischen Urtheils über Gräter als einen »unmässig eitlen Schriftsteller von viel Geschrei und wenig Wolle« (Deutsche Mythologie, erste Ausg., S. XXIX.) finden wird, dessen Empfindlichkeit es wohl nicht vertragen mochte, dass der siebenzehn Jahre jüngere Grimm sich mit berechtigtem Stolze neben ihn stellte und mit seinem Tadel dann und wann nicht zurückhielt. Eine sichere Abwägung ist schon deshalb nicht möglich, weil der Zankapfel selbst, die Antikritik der Brüder Grimm gegen Gräters Anzeige ihrer Edda, verloren gegangen ist.

Ich habe die Briefe mit Beibehaltung ihrer Orthographie widergegeben. Mit lateinischen Buchstaben geschriebenes ist in Cursivschrift widergegeben. Statt ß habe ich stets ss gesetzt. Gräter schreibt die S-laute so, wie wir es jetzt meist thun; Grimm setzt statt ss stets ß, ausser bei Zusammensetzung (»desselben« o. ä.).

Besonders störende Abkürzungen habe ich, wo sie ganz sicher waren, aufgelöst. In den beigegebenen Anmerkungen habe ich keine Mühe gescheut, um alles, was für die Sache selbst von Belang oder sonst ohne Durchstöberung allzu massenhaften Materials aufzufinden war, beizubringen. Nach allen Mücken wollte ich aber gerade auch nicht schlagen. Ich hoffe, dass man nichts wesentliches vermissen werde.

Stuttgart, im Mai 1877.

H. F.

I.

Cassel 8 August 10.

Verehrter Herr Professor!

Erlauben Sie einem Freunde des altdeutschen Studiums, dass er sich an einen der frühesten und glücklichsten Beförderer desselben wende; die geringen Versuche welche ich von meinen Studien vor das Publicum gebracht,[1] geben mir kein Recht dazu, aber die Güte Eurer Wohlgeb. wird das Beste dabei thun. Ohne Zweifel haben Sie selbst mehrmals gefühlt, wie unangenehm man in seinen Arbeiten durch die Entfernung mancher Quellen und Hilfsmittel zurückgehalten wird. Die Erlaubnis mit Ihnen zu correspondiren, wäre schon ein schätzbares Hilfsmittel. Herr Professor Nyerup in Copenhagen hat mir mit liebenswürdiger Bereitwilligkeit schon die grössten Dienste gethan und mir unter andern scandinavischen Quellen neulich auch Olafsens Preisschrift om d. nordiske Digtekonst verschafft, die bis zur Erscheinung der Originalquellen sicherlich grossen Werth hat. Nun wünschte ich auch gar sehr, Ihre neueren Entdeckungen über die isländischen Metra benutzen zu können. Glauben Sie aber, dass keiner von drei Buchhändlern, woran ich mich längst gewendet, mir die einzeln erschienenen Programme verschafft? Hätten also Eure Wohlgeb. die Gefälligkeit solche nur an Zimmer in Heidelberg für mich zu übermachen, so würde dieser die Auslage sogleich übernehmen. Wahrscheinlich besitzen Sie auch die seltenen thorlacischen *specimina* vollständig, ich habe nur *sp.* 1. 2 und 3. und ein Fragment aus dem *septimum;* (pag. 65—128) es fragt sich: ob Sie mir das übrige zur Durchsicht auf eine zu bestimmende Zeit, nach Ihrer Gelegenheit, mittheilen wollen?

[1] S. J. Grimms kleinere Schriften V 485 f.

Noch einige andere Fragen halten Sie meiner Wissbegierde zu gut:

1) ist Aussicht, dass das angekündigte grosse Werk über die nordische Mythologie bald erscheine?[1]

2) haben wir auf die im Messcatalog angekündigte Fortsetzung der Bragur gewiss zu rechnen? und was wird sie enthalten? Das berliner altdeutsche Museum wird dieser Zeitschrift sicher keinen Abbruch thun, davon abgesehen, dass es sich mit nordischer Poesie und Literatur nicht besonders befasst. Sehr gern vernähme ich Ihr Urtheil über meine Recension des ersten Bands des berliner *Mus.*, die jetzt wohl in den heidelberger Jahrbüchern abgedruckt seyn muss.[2] Jetzo arbeite ich eine Abhandlung über den altdeutschen Meistergesang fertig,[3] können Sie mir etwas von unbekannten Materialien anzeigen oder zuweisen, so würde das den grössten Dank verdienen. Überhaupt besitzen Sie gewiss reichhaltige Sammlungen und mein Freund von Arnim hat mir die Liberalität häufig gerühmt, womit Sie andere daran Theil nehmen liessen. Er hat mich längst ermuntert, mich gerade an Sie zu wenden, welches ich bisher aus Schüchternheit unterlassen. Erfreuen mich nun Eure Wohlgeb. mit einer gütigen Antwort, so lasse ich wohl noch andere meiner Wünsche laut werden. Bis dahin empfehle ich mich mit wahrer Hochachtung ganz ergebenst

Grimm.
StaatsRathsAuditor.

II.

Halle im Königreich Würtemberg.
1. Oct. 1810.

Hochzuverehrender Herr Staatsraths-Auditor,

Schon längst habe ich mit grossem Vergnügen in der Literatur unter Ihrem Namen einen eifrigen Forscher des Nordischen und teutschen Alterthums bemerkt, und Sie kommen meinen

---

[1] S. Gräter, Nachrichten von dem zu erscheinenden Prachtwerk über die nordische Mythologie; Hall 1809.

[2] Diese Recension erschien erst 1811.

[3] Erschienen 1811.

Wünschen treflich entgegen, indem Sie mir selbst die Gelegenheit verschaffen, mit Ihnen in eine trautere Bekanntschaft zu kommen, als es aus dieser fernen Ansicht geschehen kann.

Nur haben Sie noch ein klein wenig Geduld. Das Schicksal hat mich mit eisernen Ketten an Verhältnisse geschmiedet, die mich seit etlichen Jahren durch die Menge von Arbeiten oder vielmehr Tagwerken meinen liebsten und theuersten und ältesten Freunden, und damit mir selbst entzogen haben.[1] *At si male nunc, olim non sic erit.*

Meine Briefe können vor der Hand nur sparsam, flüchtig und gleichsam erstohlen seyn. Zusendungen und Communicationen finden vollends nicht statt, ausser wenn Sie, wie Herr von Arnim und Herr Arendt in Paris d. j. selbst hieher kommen, und meine Bibliothek, meine Papiere und mich selbst durchstäuben wollen.

Jetzt in Eile nur die Antworten:

1) Ueber die Nordischen Metra — meine Entdeckung und Resultat finden Sie in meinen lyrischen Gedichten[2] — die ich überhaupt bitten möchte, irgendwo anzuzeigen. Mir ist ausser der concisen von Höck in der Oberd. L. Z. gar keine Recension noch bekannt. Den Schlüssel hiezu aber, nebst meiner Rede und dem Programm, verbessert abgedruckt in Bragur VIII. — der gewiss erscheinen wird[3].

2) *Thorlac. Specim.* besitze ich. Nur Nr. 1 nicht.

3) Das Prachtwerk über d. Nord. Mythol. soll erscheinen — da aber meine Gesundheit sich wieder so sehr erhohlt hat, dass es nicht pressirt, so übereile ich es auch nicht.

4) Ihre Recension über das Berliner Museum habe ich noch nicht gelesen, aber gestern im Vaterländ. Museum 2. Ihre Ueber-

---

[1] Gräter war seit 1804 Rector und Oberinspector des Contuberniums zu Hall, von wo er 1818 als Rector und Pädagogarch an das Gymnasium nach Ulm kam.

[2] »Lyrische Gedichte nebst einigen vermischten von F. D. Gräter; Heidelberg 1809«; a. u. d. T.: »F. D. Gräters gesammelte poetische und prosaische Schriften. Erster Theil.« — Die metrischen Ausführungen finden sich daselbst S. 325 ff.

[3] Bragur, Band 8 (auch mit den Titeln: Braga und Hermode, Band 5, und: Odina und Teutona, Band 1) erschien 1812. Derselbe enthält aber nichts über die zwischen Grimm und Gräter ventilierte metrische Frage, welche Gräter vielmehr im ersten Jahrgang von Idunna und Hermode (1812), No. 1 ff., behandelt hat: »Vorlesung über die Königsweise der Barden und Skalden.«

setzung von Oehlenschlägers Erscheinung Christi[1] — finden Sie übrigens in Oehlenschläger ein grösseres, reiferes und üppigeres Genie als in Baggesen? Wer weiss, ob der Hass gegen Baggesen, den er sich freylich selbst zugezogen hat, nicht an einer nachtheiligen Vergleichung zwischen beyden Schuld ist.
Vergeben Sie mir meine Eile. Sie ist Pflicht.
Mit der herzlichsten Hochachtung und Ergebenheit

der Ihrige

Graeter.

N. S.

Auf langes Zudringen dirigire ich gegenwärtig *(sub rosa,* denn ich mag noch nicht dafür bekannt seyn) seit 1. Juli ein *Allgemeines Teutsches Bürgerblatt,*[2] das zu Heilbronn erscheint. Darin werden Sie vieles Teutsche und Nordische finden.

III.

Cassel 23 October 1810.

Ihr Schreiben vom 1ten dieses, hochgeschätzter Herr Professor, so kurz und eilig es abgefasst war, ist mir dennoch sehr angenehm gewesen, und lässt mich ja hoffen, dass ich in Zukunft längere erhalten soll. Möge Ihnen bald die volle Musse wieder werden, wie sie Ihnen die Freunde altdeutscher und nordischer Poesie von Herzen wünschen müssen. Zu Ihren früheren Verdiensten um dieses Studium kommt nun auch, dass Sie durch dessen Entbehrung, wie jeder fühlen wird, wahrhaft gelitten haben, und dafür gebührt Ihnen Ersatz.

Die lyrischen Gedichte habe ich gelesen und werde davon, sobald es meine auch nicht wenigen Geschäfte gestatten, Ihrem

---

[1] Vaterländisches Museum, Band 1 (1810), S. 211 f. Siehe jedoch Grimms zweiten Brief.
[2] Es ist mir nicht gelungen, über dieses Unternehmen irgend welche Notiz zu bekommen.

gütigen Auftrag nach, eine critische Anzeige liefern.[1] Ueber einiges werde ich eben so freimüthig meine abweichende Meinung sagen, als ich manches zu loben, und aufrichtig zu loben habe. Dahin gehört besonders Ihr eigenes, und alles was in demselben Geist unternommen worden ist, der in den nordischen Blumen[2] herrscht; weniger schon die versuchte Behandlung nordischer Poesie in griechischer Form,[3] sie ist meinem Gefühl zuwider, und gerade Sie, als bewährter Kenner der scaldischen Kunst, können damit am ersten schaden. — Die aus dem dän. u. schwed. übersetzten Lieder[4] und vollends das englische Stück[5] halte ich Ihrer darauf gewandten Mühe nicht werth. Gegen die Einrichtung der Minnelieder[6] lässt sich vieles sagen, obwohl einiges auch für diese bestimmte Art, im Gegensatz zu der tiekischen Modernisirung.

Ich gestehe, dass ich auf die Entdeckung der Königsweise[7] gespannter war, ich wusste mir nichts rechtes dabei zu denken, indem die Form Drottmällt selbst aus mehrern nordischen Werken als bekannt vorausgesetzt werden musste. Allein, wie ich nun sah, meinen Sie damit blos das Gelingen des Versuchs, dieselbe Form in unserm modernen Deutsch und wo möglich ohne Zwang, nachzuahmen und zu erneuern. Das ist Ihnen gewiss nicht übel gelungen, andern aber, die es etwa nicht so genau mit dem Sinn nehmen, wird es zuverlässig noch leichter von Statten gehen. Zum Beispiel dem Herrn von Fouqué in Berlin, einem gar nicht unpoetischen, aber wie es mir däucht, über sich selbst und sein Vermögen getäuschten Dichter. Ich steh dafür, dieser würde in einem Tag ganze Seiten, in den schwersten Scaldenformen, ja in Alhendt und Hrynhendt zuwege bringen und das keineswegs ohne blendenden Anschein, wie er das wirklich bereits in seinem Sigurd[8]

[1] Diese Anzeige erschien nicht.
[2] Nordische Blumen von Friedrich David Gräter; Leipzig 1789.
[3] S. Gräters Gedichte, S. 225—242 (»Skirnirs Fahrt oder die Brautwerbung«) und 271—288 (»Das Lied von Erich dem Wandrer, oder die drei Stände«).
[4] Gemeint sind wohl die »Wechselgesänge der schwedischen, dänischen und teutschen Schwestermusen«, Gräters Gedichte, S. 163—180; vielleicht auch die Uebersetzung von Baggesens »Erschaffung Ymers«, S. 251—256.
[5] »Die Niederfahrt der Göttin Freya«, Uebersetzung von Sayers *Descent of Frea;* Gedichte, S. 339—368 (auch Bragur 2, S. 3 ff.); s. auch Vorrede, S. 15—20.
[6] »Minnelieder der teutschen Ritter«, Gräters Ged., S. 51—80.
[7] S. Anm. 2 auf S. 11.
[8] »Sigurd, der Schlangentödter«, 1808; bildet den ersten Theil der Sammlung »Der Held des Nordens«.

in der Form Fornyrda-lag und wo ich nicht irre, auch in
Drottmällt gethan hat. Ich bedanke mich aber dafür das Zeug
zu lesen, so wenig ich den gedachten Sigurd mag. An einer
fruchtbaren und glückhaften Wiedereinführung des reinen Alliterationsprincips, so wie es in den alten eddischen Gesängen
erscheint, zweifle ich nicht, da unsere Sprache volle Macht dazu
hat, nach ihrem ganzen Character; auch Runhendt lasse ich mir
gefallen; dagegen hege ich der bei weitem grösseren Schwierigkeit wegen Bedenken in Ansehung Drott und Togmällts. (Überhaupt scheint es mir, dass unsere Poesie auf einem Punct steht,
wo ihr alle Form gleichgiltig und nur eine zu schwere, als wofür
sie die nöthige Unschuld verloren, unangemessen ist.) Was würde
Herder zu Fouqués Versuchen sagen? Und so fliessend sich auch
Ihre Chöre lesen, so dass wenige die alliterirenden Buchstaben,
und noch wenigere die inneren Reime (ich weiss kein besser Wort
dafür) merken werden; so scheue ich mich doch nicht zu vermuthen, dass Ihr Gedicht als solches noch besser geworden wäre,
wenn Sie gar nicht an die nordische Form gedacht hätten. Diese
Kunst ist ganz aus unserer Erfahrung gerückt, unser Ohr ganz
entwöhnt. Darf ich Ihnen ferner gestehen, dass meinem Gefühl
nach Ihnen die Alliterationen jedesmal besser gelungen sind, als
die innern Reime? welche mir einigemal auf zu unbedeutende
Wörter gelegt scheinen. Verzeihen Sie mir diese Bemerkungen.
Übrigens bin ich auf Ihre Programme selbst, also auf deren
Abdruck in Bragur recht begierig und hoffe darin vieles Feine
und gelehrte über die Kunst der Scalden. Wär nur einmal der
dritte Theil der Edda gedruckt. Olafsen ist doch in manchen
Puncten gar zu nüchtern, unvollständig und wieder willkürlich. Im
Wort Drottmällt will er keine Königsweise bekanntlich erkennen,
es hat mich gefreut, dass Sie anderes Glaubens sind. Was sagen
Sie aber dazu, dass ich bei unsern Minnesingern manchmal, nicht
das vollständige Schema der scaldischen Form, namentlich nie
die Alliteration, wohl aber die innern Reime (welche doch das
Hauptprincip in Drott und Togmällt sind) wiedergefunden habe?
Mehr davon in meiner kleinen Schrift über den altdeutschen
Meistergesang, die nunmehr bald fertig gedruckt ist und die ich
übrigens ihrer Nachsicht empfehle. Denn es ist ein abgedrungener
Versuch, dessen Ausführung ich mir vorbehalte.

 Ich möchte wissen, was Bragur VIII. auserdem noch Gutes
und Erfreuliches enthalten soll? und besonders für die altdeutsche

Literatur *in specie*. Alle Mittheilungen und Zusendungen schlagen Sie mir zwar vorerst ab, ich würde aber schon dankbar genug seyn, wenn Sie mich auf wichtige Entdeckungen und Neuigkeiten vorläufig und ganz kurz aufmerksam machen wollen. Nachrichten von etwa in dortiger Gegend verborgenen *mss*. (sollte denn gar nichts in Tübingen, Stuttgart, Memmingen etc. stecken?) wären mir sehr willkommen und ich würde sie weiter verfolgen, falls Sie, werthester Herr Professor, durch andere Arbeiten daran verzögert sind. Alle diese Gefälligkeiten aber wären nichts, gegen die grosse, wenn Sie mir auf kurze Zeit zu der Kroka Refs Saga (welche in der 1756 von Biörn Markusson edirten Octavsammlung befindlich) verhelfen könnten? Ich vermuthe nämlich einen merkwürdigen Zusammenhang dieser Sage mit dem Reinhart Fuchs, den ich hoffentlich (im Vertrauen gesagt) aus einer vaticanischen Hs. des 13 J. h. herausgeben werde, und wo sich unter andern interessante Aufschlüsse über den Zusammenhang dieses ebenso berühmten als herrlichen Gedichts mit dem späteren plattdeutschen, so wie mit dem französischen *roman du renard* ergeben werden. Wissen Sie mir nun zu dem isländischen Buch kein Mittel, so muss ich mich wohl an Nierup wenden, leider sind aber die Communicationen mit Copenhagen unsicher und weitläufig.

Die Übersetzung der oehlenschläg. Lieder im vat. Mus. ist nicht von mir sondern von meinem Bruder, welcher mit mir zusammen in einem Plane und einem Felde arbeitet, und von dem jetzo eine (recht getreue) Übersetzung der besten Kämpeviser unter Presse ist.[1] Ich weiss nicht zu sagen, ob ich mehr gegen Baggesen oder weniger für Oehlenschläger eingenommen bin. Das aber weiss ich, dass mich keiner der beiden Dichter anzieht. Auch scheint es mir, dass beide zu viel oder zu eilig schreiben. Und wie wenig sind beide von der altnordischen Dichtkunst gründlich durchdrungen? — Die Nials und Egilssaga[2] werden längst in Ihren Händen seyn, des Drucks sind beide würdig, aber nicht des Vorzugs vor dem zweiten Theil der *Edda Saemundar* und so vielem andern, was die Herausgeber für nicht so historisch wichtig halten mögen, während seine poetische Importanz jene Rücksicht weit überwiegt. Freilich war die schlözerische und adelungische feste aber leere Critik der nordischen Literatur von

---

[1] Die 1811 erschienenen »Altdänischen Heldenlieder, Balladen und Märchen.«
[2] Beide erschienen 1809 *sumptibus legati Arna-Magnaeani.*

Nutzen, allein durchaus nicht als endliches Resultat, sondern nur als mit dirigirend die von einem ganz andern Grund ausgehenden Untersuchungen. Wie viel treffliche Dinge zeigt uns Einari, die die beiden deutschen Gelehrten keines Blicks gewürdigt haben würden. Um so ärgerlicher also, dass die scandinavischen damit etwas saümig verfahren. Doch genug und schon zu viel. Eine Antwort von Ihnen wird mich stets erfreuen und belehren. Ich bin mit aufrichtigster Hochachtung der Ihrige

Jacob Grimm.

IV.

Hall' im Königr. Würtemberg,
den 1. Jul. 1811.

Mit eben so grossem Vergnügen als Verwunderung hört' ich aus Breslau, und lese es nun so eben selbst in dem Aprilheft der Hallischen Allg. Lit. Zeit. dass Sie in Teutschland den zweyten Theil der Sämundinischen Edda und zugleich auch den Reineke Fuchs aus einer vaticanischen Handschrift herausgeben werden. Sie können denken, wie mich jenes und dieses so hoch interessirt. Jenes, da ich nicht nur meines Wissens der erste war, der aus dem gedruckten Theile der Sämundinischen Edda Teutschland mit einigen der vorzüglichsten Stücke bekannt machte,[1] sondern so eben in meinem neuesten Programme[2] es gewagt habe, auch aus dem ungedruckten zweyten Theile Proben des Originals zu geben, und um den teutschen Liebhabern und Forschern die Mühe des Verstehens wenigstens einigermaassen zu erleichtern, sie mit einer extemporanen lateinischen Uebersetzung begleitet habe; denn zu mehr reichte meine Zeit und meine Musse nicht hin; zum mindesten für diessmal. Ohne Zweifel wird dieses Programm, wenn Sie meinen Brief erhalten, schon in Ihren Händen seyn. Denn gewiss sind Sie es, mein verehrtester Freund, der

---

[1] Wo immer dies geschehen, anzugeben würde zu weit führen. Jeder Band von Bragur enthält einzelnes Hierhergehörige.

[2] *Helga-Quida Haddingia scata . . . . . Quod programmatis loco . . . eruditorum examini subjicit Fr. D. Gräter. Hall 1811.*

ein Exemplar desselben durch die Herrn Moser und Zimmer in Heidelberg vor 8. Tagen von mir abverlangen liess. Es ist ohne Verzug abgegangen. Wie freue ich mich, dass nun die Fortsetzung dieser Programme durch die überglückliche Acquisition, die Sie mit den Arbeiten des Magnäanischen Instituts für den 2ten Theil der Edda gemacht haben, entbehrlich geworden ist!

Glauben Sie irgend, dass ich Ihnen bey Ihrer Bearbeitung und Herausgabe förderlich seyn kann, so soll alles geschehen, was in meiner Kenntniss und in meinen Kräften ist. Nur Bücher zuzusenden, ist bey weitem zu weitläuftig und kostspielig. Wenn Sie mir aber denjenigen Theil des Manuscripts, von dem Sie glauben, dass Ihnen meine Bemerkungen dienlich seyn könnten, zuschicken wollen, so soll diess nicht vergeblich seyn.

Indessen kann ich nicht umhin, folgende Fragen zu thun:

1) Haben Sie nur die Abschrift aus einem einzigen Codex, oder auch die kritische Vergleichung der übrigen?

2) Haben Sie von dem Magnäanischen Institut blos eine Abschrift des Originals, oder auch die lateinischen Uebersetzungen, und die kritischen und antiquarischen Commentare erhalten?,

3) Hat das Magnäanische Institut auch bereits das Glossar zu dem 2ten Theile ausgearbeitet, und Ihnen mitgetheilt? Denn das erste Glossar ist zum Verständniss des 2ten Theiles bey weitem nicht ausreichend, wie Sie aus meiner Probe der *Helga — Quipa Haddingia-Skata* hinlänglich ersehen werden. Denn ob ich gleich ausser dem gedachten *Glossarium* noch sehr viele andere, und sogar ein selbstgearbeitetes, das ich unter der Lectüre sammelte, besitze, so sind mir doch mehr als eine Stelle vorgekommen, über die ich sehr ungenau bin. Hieher gehört selbst das *apaldr* dessen Etymologie ich nirgends finde, und daher glaubte, dass es in dem *Cod. Vidalinian.* ein Schreibfehler für *apalldr* sey, da es dem Sinne zusagt, wiewohl ich diese Vermuthung sehr gerne zurücknehme, zumal da ich indessen auch in einem anderen alten Fragmente das obige *apaldr* nochmals gefunden habe.

4tens Falls Sie den ganzen Apparat des Magnäanischen Instituts besässen — warum wollen Sie diesen zweyten Theil mit einer teutschen Uebersetzung begleiten, und nicht vielmehr dem ersten Theile in jeder Hinsicht conform machen?

5tens Wann wird der Druck seinen Anfang nehmen? und wo? Ich bin so ungeduldig darauf, dass ich mich der Bitte nicht erwehren kann, Sie möchten mir das Abgedruckte Bogen für Bogen durch die Post zugehen lassen. Oder wenn es mit der Herausgabe zu lange dauerte, dürfte ich nicht um die Abschrift derjenigen Originalien, die ich noch nicht besitze, auf meine Kosten bitten? Es ist mir hauptsächlich in antiquarischer Hinsicht daran gelegen, da ich gerade mit den Angaben des ächten alten Kostums für den Künstler, der unter meinen Augen die ersten Entwürfe zu dem Prachtwerk über die Nord. Myth. macht, beschäftigt bin, und eine vollständige Sammlung aller Züge aus den Eddischen Liedern mir hiezu vorzüglich schätzbar ist; wiewohl die Fabeln des Nordens mit diesem zweiten Theile eine ganz andere Wendung nehmen, ohne jedoch das Land, in dem sie gebildet oder umgebildet sind, zu verleugnen.

Doch nun genug hievon. Von Ihrem Vorhaben den Reinecke Fuchs aus der Handschrift herauszugeben, schrieben Sie mir schon, wie ich eben sehe, am 23ten Oct. v. J. Wissen Sie denn, oder wissen Sie es nicht, dass ich die erste Handschrift des Reineke Fuchs auf Pergament in einem flammändischen Codex der Comburger Stiftsbibliothek[1] schon vor mehreren Jahren entdeckt, und in einem meiner Programme über die Merkwürdigkeiten der Comburger Bibliothek Proben davon gegeben habe.[*] Auch besitze ich von einem Theil des Manuscripts eine eigenhändige Abschrift. Wenn Ihre Handschrift ganz sicher aus dem 13ten Jahrh. ist, so hat sie übrigens allerdings den Vorzug. Ich bin auf Proben daraus und Ihre Ansichten sehr begierig.

Die versprochene kritische Anzeige meiner lyrischen Gedichte habe ich noch nirgends gefunden. Sollten Sie diese Ihre gütige Zusage schon erfüllt haben, so bitte ich Sie mir ehestens mit ein paar Worten zu melden, wann? und wo? Dass Ihnen mein Eigenes mehr gefällt, als das assimulirte, ist mir ungemein lieb. In Hinsicht des Nordischen bin ich allerdings, wie ehedem, für die antike Form — die griechische dient nur als factischer Beweis gegen die Ungläubigen; daher auch meine $Σκιρήρη\ {}^{‘}Οδοιπορία$ — aber als solchen müssen Sie es gelten lassen. Ob bei Sayers *Descent of Frea* meine Mühe belohnt oder nicht belohnt ist, kam bey mir nicht in Erwägung; aber wohl wünsche ich eine

---

[1] Jetzt im Besitz der k. öffentl. Bibliothek zu Stuttgart, mit der Bezeichnung: *Cod. poet. et philol. fol. 22.*

[*] Fünf Programme »Ueber die Merkwürdigkeiten der Comburger Bibliothek«; Hall 1805—1809.

Vergleichung mit Herrn D. Neubek, der das nämliche Stück ein paar Jahre später in Wielands Merkur gab, aber sich, wie mich dünkt, die Sache sehr leicht gemacht hat.[1] Mit meinen Minneliedern vergleichen Sie doch ausser Herrn Tiek[2] (dessen Modernisirungen ich leider, wie so vieles, noch nicht kenne) auch Haugs Gedichte[3] — und nehmen Sie immer auch darauf Rücksicht, wer dem anderen vorgearbeitet hat. Denn dem letzteren ist immer zuzumuthen, dass er den ersteren übertrifft. Das letzte (die fünfte Nacht ist mein Eigenthum.)

Sie scheinen mir doch die Nachbildung der Königsweise in der jetzigen Sprache für leichter zu halten als sie ist. Auch hier frage ich nur, ob es einem andern vor mir gelungen ist, sie überzupflanzen? selbst Herrn v. Fouqué? Fornyrda-lag ist eine Kleinigkeit in der Kunst gegen Drottmäll. Ein paarmal höchstens, glaube ich, stehen die innern Reime, wie Sie die Vocalharmonie nennen, nicht auf dem höchsten Tone; doch weiss ich dies jetzt, da ich meine Sammlung nicht bey der Hand habe, auch nicht mit voller Gewissheit zuzugeben; aber *a potiori* sind gewiss Alliterationen und Assonanzen an ihrer rechten Stelle. — Vielleicht sind wir auch in der Stellung oder Verlegung derselben verschieden. Zb.

Räumen soll heute der Römer
Racheschnaubend das Schlachtfeld, etc.

Brüder, zum heissen, zum blut'gen
Bade seyd ihr geladen, etc.

Das zweyte Heft meiner ästhetischen Bemerkungen hierüber erschien am Geburtsfest des Königs, 6. Nov. 1810 und enthält eine Vergleichung mit Homer. Wenn ich nun das bey Homer gefunden habe (sogar die Alliterationen) so wundert mich nicht, dass

[1] Wielands Neuer Teutscher Merkur, 4. Stück 1793, S. 337—360. »Ein paar Jahre später« ist gemeint im Verhältnis zum August 1791, in welchem Gräter das englische Gedicht erhielt, welches er kurz nachher übersetzt haben muss. S. Gräters Gedichte, S. 15—20. Die »dramatischen Skizzen aus der Nordischen Mythologie«, in welchen nach der eben angeführten Stelle Neubeck das Stück »in einer zweyten reimlosen Uebersetzung« veröffentlicht hat, waren mir nicht zugänglich.

[2] »Minnelieder aus dem Schwäbischen Zeitalter neu bearbeitet und herausgegeben von Ludwig Tieck. Berlin 1803.«

[3] Joh. Christoph Friedr. Haugs »Epigrammen und vermischte Gedichte« (Berlin 1805) enthalten im zweiten Bande 37 Uebersetzungen von Minnesinger-Liedern.

auch in den Minnesingern sich die Spuren dieser Kunst entdecken lassen. Ja, ich bin überzeugt, dass jede andere prosodische Kunst später unter der teutschen Nation i fremder (?) ist. Zu KrókaRefsSaga kann ich Ihnen leider nicht verhelfen. Umgekehrt verhelfen Sie mir einmal zu *Björners Kjempedattar*, ich will sie ja gern bezahlen.

Dass weder B. noch Oehlenschl. von der altnordischen Kunst der Mythe gründlich durchdrungen sind, darin bin ich mit Ihnen vollkommen eins.

Die *Nials* und *EgilsSaga* besitze ich allerdings.

Bragur VIII. ist noch nicht angefangen, da Gräffs Handlung (er hat *bonis* cedirt) noch geschlossen ist.

Schlözer war es, gegen den ich zuerst die Nord. Blumen als Document vorlegte. Er hat aber gar keinen Sinn für das ausserhistorische, und so war nicht mit ihm zu disputiren. Adelung hätte zu seiner Ehre die beyden Aufsätze in Beckers Erhohl.[1] nicht sollen drucken lassen. Zu seiner Schonung wenigstens habe ich meine Anmerkungen darüber noch jetzt im Pulte. Die Wirkung seiner Aufsätze ist schon längst vorüber. Wozu also noch?

Nun bitte ich Sie schliesslich nur noch um ein Verzeichniss aller Ihrer gedruckten Schriften und Aufsätze und um eine recht schnelle Antwort. Strafen Sie mich nicht für die Verspätung der gegenwärtigen. Sollten Sie hie und da ein übriges Exemplar haben, so würden Sie mich durch unmittelbare Zusendung noch mehr erfreuen. Ihre Recension des 1sten Bandes des Berliner Museums[2] muss mir nicht zu Gesicht gekommen seyn, unerachtet ich die Jahrbücher lese. Haben Sie doch die Güte, mir das Heft, worin er abgedruckt steht, anzuzeigen. Ich bin mit ausgezeichneter Hochachtung und Ergebenheit

Der Ihrige

Gräter.

[1] Waren mir nicht zugänglich.
[2] Heidelberger Jahrbücher der Literatur, Jahrg. 4 (1811) Nr. 10 und 11. Erschienen waren diese beiden Nummern zur Zeit dieses Briefs jedenfalls.

V.[1]

Cassel 23 Juli 1811.

Ich würde, verehrter Herr Professor, gleich schon vor vierzehn Tagen und Ihrem Begehren nach, auf Ihr angenehmes Schreiben vom 1ten d. geantwortet haben, wenn ich nicht auch ebenfalls seinem Inhalt gemäss täglich das Programm von der Helgaquiþa erwartet hätte. Dieses aber hat mir Herr Zimmer erst gestern geschickt; ich habe es sogleich durch gelesen und darüber ist eine kleine Anzeige desselben für die heidelb. Jahrbücher[2] entstanden, die ich, um dasselbe nicht noch einmal schreiben zu müssen, so frei bin hierbei im Original zu übersenden. Ich wünsche, dass sie Ihnen nicht misfalle und Sie selbst in kleinlichen Bemerkungen die Aufmerksamkeit nicht verkennen mögen, welche die Sache und Ihre darauf so sichtbar verwendete Gelehrsamkeit verdient. Nach Durchlesung derselben bitte ich sie unter beikommendem Couvert an Hrn. Prof. Wilken nach Heidelberg, dem ich sie bereits angekündigt habe, abgehen zu lassen.

Nun zur näheren Beantwortung Ihres Briefes.

Die endliche Ausgabe der ungedruckten eddischen Lieder, welche wir d. h. mein Bruder und ich, und wahrscheinlich noch in Verbindung mit dem Ihnen vermuthlich durch seine wichtige isländische Grammatik bereits bekannten Dänen Rask, in Deutschland veranstalten werden, ist noch nicht ganz so nahe, und kann dies bei der trüben Lage des Buchhandels kaum seyn, wird aber hoffentlich gewiss binnen Jahresfrist, wo nicht eher fertig werden und erscheinen. Durch die unermüdete Verwendung unseres Gesandten, des Grafen von Hammerstein haben wir eine correcte, saubere Copie der vorzüglichsten copenhagener Handschrift bereits seit mehrern Monaten in Händen, für genaue und vollständige Benutzung aller übrigen Lesarten und Hilfsmittel, hoffentlich auch der Apparate des magnäan. Instituts hat Herr Rask zu sorgen versprochen. Von dem äuserlichen Plan der Ausgabe des ersten Theils abzugehen, veranlassen uns mehrere Gründe; hauptsächlich

---

[1] Einen kleinen Theil dieses Briefes hat schon Gräter abgedruckt in Idunna und Hermode, 1812, Nr. 17 (S. 65 f.).

[2] Jahrgang 1811, Nr. 63 (S, 999—1006).

die, weil der deutsche Commentar und die deutsche Übersetzung vieles besser ausdrücken und erklären, und sodann auf mehr Leser rechnen kann; ganz ist indessen noch nicht gegen die lateinische Version entschieden und ich bitte auch Sie um Gründe und Gegengründe über einen so wichtigen und vielseitigen Punct. Zweitens macht das nähere Eingreifen dieser noch nicht edirten Gesänge in unsere deutsche Poesie eigene historische Untersuchungen nothwendig, um derentwillen ohne allen Zweifel der Plan des ersten Bandes erweitert werden musste. Alle diese Arbeiten haben ihre Schwierigkeiten; Ihre gütige Erlaubnis, Sie darüber im Einzelnen zu Rath zu ziehen, ist mir sehr erfreulich gewesen und es wird gewiss davon Gebrauch gemacht werden. Hoffentlich erhält sich nun unsere Correspondenz lebhafter als bisher; ich wünsche es aufrichtig.

Sobald der Druck beginnt, den wir durchaus nur selbst corrigiren werden, hat es keinen Anstand Ihnen die einzelnen Bogen durch die Post zu zuschicken. Vorläufige Abschrift Ihnen von den einzelnen Gesängen zum Behuf des Prachtwerks über nord. Myth. machen zu lassen, gibt es fast gar keine Möglichkeit; ein gewöhnlicher Copist würde dazu nicht geschickt seyn, wir könnten die Originale, die wir täglich brauchen, nicht aus Händen lassen, und die Abschrift selbst zu machen, bleibt uns bei vielen andern Nebenarbeiten kein Augenblick übrig. Viel überhaupt für das altnord. Costum dürfte sich aus diesem zweiten Theil nicht entnehmen lassen; was mir auffallen wird, soll treulich excerpirt werden.

Für das gütig mitgetheilte Programm, welches Alliterationen im Homer aufsucht und findet,[1] statte ich bestens Dank ab. Glauben Sie mir, dass ich solche Untersuchungen schätze, und erwarten Sie also nicht, dass ich nun die Vossische Übersetzung zur Hand nehme, und aus diesem deutschen Buch ebenfalls solche Beispiele von Buchstabenreimen aufspüre, welches nicht ganz fehlschlagen kann. Allein ich weiss wohl, welcher ungeheure Unterschied zwischen der Naturpoesie des Originals und der steifen, künstlichen Nachbildung Vossens liegt. In jenem ist nichts als zufällig zu vermuthen, sondern alles natürlich, wichtig und bedeutend; in dieser verhält es sich gerade zu umgekehrt. Was ich gegen Ihre homerischen Buchstabenreime etc. vorläufig ein-

---

[1] Es ist mir nicht gelungen, dieses Programm aufzufinden. Dasselbe ist wohl identisch mit dem in Idunna und Hermode Bd. 1, Nr. 45. 47 abgedruckten Aufsatz »Aesthetische Bemerkungen« über die Königsweise der Barden.«

zuwenden hätte, wären folgende Puncte: 1) die Allit. ist mir wesentlich ein auf den Wurzeln der Wörter ruhendes Princip, so wie aber die Wurzeln die Seele des Worts sind, so regieren die Hauptworte *(nomina* und *verba)* wiederum die Neben- und Zwischenwörter, und sind deren Seele, folglich ruht die Allit. immer auf sinnschweren, bedeutenden Worten (es müsste denn ein besonders starker Sinn, Accent auf jene gelegt werden). Beispiele wo οι, ου, αυτας, αυτικα, των etc. allitcriren, nehme ich daher nicht an. Und werfe überhaupt ein, dass die griechische Sprache das Wurzelprincip insofern allgemein verwirft, als ihre Prosodie nicht darauf gebaut ist, und nichteinmal ihre Accentuologie, als etwas wiederum verschiedenes. 2) Die Allit. wie das Reimprincip dulden eigentlich und in der Regel kein wiederholtes Niederlassen auf dasselbe Wort in einem und demselben Satz. Hiermit stehen ebenfalls viele Ihrer Beispiele im Widerspruch, zb. die von καρτιζοι, δενοντο, ηε, etc. etc. 3) Die Allit. erfordert nahes Beisammenstehen. Sie werden mir kein Beispiel nord. Allit. zeigen können, wo die Bindwörter durch so viele Silben getrennt sind, als hier zb. zwischen πεμπε und πασσε liegen, vielmehr ist in einer solchen Silbenzahl, als ungefähr jeder Hexameter hat, das dreifache Band der gewöhnlichsten Art von Allit. immer schon absolvirt. u. s. w.

Im Ganzen liegt etwas durchaus Wahres Ihrer Bemerkung zum Grund, und besonders die (von der eigentlichen Allit. ursprünglich unabhängigen) inneren Vocalassonanzen sind in Ihren Exempeln unverkennbar. Das Ganze weist auf das uralte, tiefgegründete Element der Alliteration etc. hin, und muss demnächst, wenn man auch in andern Sprachen darauf sehen wird, auf die Geschichte der Bildung derselben ein neues Licht verbreiten.

Zur Wiedereinführung der nordischen Versmasse gehört vor allem lange Sitte und Gewohnheit unserer Ohren daran, sonst wird alles kalt und steif bleiben und statt aus dem Herzen aus dem Kopf hervorgehen. Welcher unpoetische Misbrauch ist mit griechischen Metren und italienischen Reimen unter uns getrieben worden, jetzt ist eine Müdigkeit an allen Formen erzeugt worden und diese Zeit ist der Lust und Liebe an scandinavischer Form gewiss nicht günstig. Fouqué weiss nur nicht manche Regeln genau, sonst würde er sie, bei einer sündlichen Gewandtheit, die er im Versmachen hat, schon alle herausbringen, ich wünsche aber, dass er bald den Appetit verliere. Ihre Versuche sind un-

streitig gründlicher, nur scheint es mir, haben Sie Sich einiges
ohne Noth schwer gemacht. z. B.

> Raumen soll heute der Römer
> Racheschnaubend das Schlachtfeld,
> Brüder zum heissen zum blutgen
> Bade seid ihr geladen [1]

scheinen nicht nur die Consonanzen r r (r) und b b (b) zu regelmässig und absichtlich in den Eingang der Zeilen gesetzt, sondern die Vocalassonanzen aü, öm — ach (ach) — üd, nt — ad (ad) ebenfalls absichtlich unmittelbar hinter jene Consonanzen gebracht; — beides befolgen die gewöhnlichen Gesänge in *Drottmällt* nicht; und was den zweiten Punct betrifft, so ist meiner Ansicht nach das Princip der Consonanz und Assonanz gänzlich von einander unabhängig, sie brauchen nicht dieselben Wörter zu halten, und die Consonanz kann vor oder hinter der Assonanz stehen. Dagegen haben Sie Sich vielleicht in der Silbenzahl jeder Zeile mehr Freiheit genommen, als viele der alten Scalden. Statt solcher einzelnen Bemerkungen, die sich in unserm Fall ohne Weitläufigkeit und viele Beispiele nicht einmal recht deutlich machen, lieber eine grosse, mir sehr anliegende Bitte.

Sie betrifft die von Ihnen aufgefundene Combacher[2] Handschrift des Reinhart Fuchses. Wie können Sie denken, dass ich schon davon gehört haben sollte? Ihre einzelnen Programme kommen gar nicht in den Buchhandel, das letzte von der Helgaquiþa habe ich bei 4 Buchhändlern mehrmals und vergebens verschrieben, und selbst Zimmer, ohne die besondere Bekanntschaft mit Ihnen, würde es mir nicht verschafft haben. (Sie müssen uns auf allen Fall im nächsten Heft von Bragur solche zerstreute schätzbare Nachrichten sammeln und wieder abdrucken lassen, oder noch lieber, wenn Sie mir vorläufig eine compendiarische Notitz von andern in dortiger Gegend aufbewahrten Schätzen geben wollten, falls das Programm nicht mehr zu haben wäre.) Nun eine Hauptfrage: ist Ihr, wie Sie sagen, flamändischer Reineke in Reimen oder Prosa und in beiden Fällen aus welcher ver-

---

[1] S. Gräter, Gedichte. S. 332 (Chöre der Barden vor der Hermannsschlacht, Strophe 1); Grimm citiert hier, wie Gräter im letzten Briefe, nicht ganz genau; es heisst: »Brüder, zum heissen, zum blut'gen Bade nun seyd ihr geladen.« S. a. Idunna und Hermode, Jahrg. 1, Nr. 3 (18. Jan. 1812), 5 (1. Febr.) und 8 (22. Febr.).
[2] D. h. Comburger (bei Schwäbisch Hall); s. o.

muthlichen Zeit? Ein niederländischer in Reimen hat existirt, nach einer Stelle in *van Wyns avondstonden* I. 273, der ein Fragment dieses Reintje de vos auffand, welches so schliesst:

> dit boek es ghescreven in dien tiden
> doen men scref M.CCCC.LXXV en twe iden
> op onser vrouwen auont in den oest
> god moet wesen ons alre troest
>
> amen

welche Jahrzahl 1475 sich vermuthlich blos auf die Zeit der genommenen Copie bezieht. Auch der berühmte, viel ältere, Maerlant in der »Naturenbloeme« sagt vom Fuchs: »aldus blivet in dat hol Reinarde«, es kann folglich der erste Druck des prosaisch holl. Buchs Gouda 1479 u. s. w. auf keinen Fall diese Dichtung zuerst unter seine Landsleute eingeführt haben. Die zweite Frage wäre: in wiefern stimmt das flamländ. Gedicht mit dem plattdeutschen mehr oder weniger zusammen etc. etc.?

Mein vaticanisches hochdeutsches weicht, wie ich schon gesagt zu haben glaube, davon gänzlich ab und ist zum grossen Theil auf ganz andere Fabel gegründet. Es gehört fast so gut als gewiss ins 12ᵗᵉ Jahrh. schon seiner Einfachheit und fliessenden Darstellung wegen und fängt an:

> ditz buch heizet vuchs reinhart
> got gebezzer vnser vart
> vernemet vremde mere
> di sint vil gewere
> von eime tiere wilde
> da man bi mag bilde
> nemen etc. etc.

Das ganze sind etwa 2300 Zeilen und verdient vor vielen andern Denkmälern jener Zeit den ihm zugedachten Abdruck, zudem ich so überaus glücklich gewesen bin, die alten pariser Handschriften hierher geschickt zu bekommen, woraus ein bedeutender, zur Aufklärung des ganzen Cyclus höchst behilflicher Apparat erwächst. An meinem Fleiss soll es wenigstens nicht mangeln. **Erfreuen Sie mich nun baldig** mit genauen Nachrichten von Ihrem Schatz, damit ich sehe, in wiefern er zu meiner Arbeit unentbehrlich oder blos nützlich seyn würde, doch letzteres ist er gewiss und ich rechne zum voraus auf freundschaftliche liberale Mittheilung; ich habe Ihnen freilich keine Seltenheiten zu cediren, als Sie dem Herrn Arendt; werde mich aber zu allem bereit erklären, was Sie verlangen.

Sie sehen, dass es mir an litcrarischem guten Willen nicht fehlt; ich denke überdas eine Ausgabe der trefflichen, altspanischen Romanzen zu veranstalten, die fast schon zum Druck fertig liegt.¹ Meine bisher ins Publicum gekommenen Aufsätze (auser meiner dieses Jahr zu Göttingen erschienenen Schrift über den altd. Meistergesang, worüber Sie mir ja Ihr Urtheil sagen müssen) stehen im Neuen lit. Anz. und den Heidelberger Jahrbüchern; zwei Abhandlungen auch im neusten Heft des berliner Museums.² Ebenso verhält es sich mit meines Bruders Arbeiten; seine Übersetzung der besten Kämpeviser aber ist kürzlich in einem dicken Buch zu Heidelberg bei Zimmer erschienen; auch darüber sind Sie, hochgeehrter Herr, mehr wie irgend jemand in Deutschland competent, und mein Bruder wünscht Ihre aufrichtige Meinung zu vernehmen. Da unsere einzelnen Aufsätze fast überall, auch in den heidelb. J. B. namentlich unterzeichnet sind, so stehen sie leicht zu finden, ohne dass ich Jahrgang und Numer zu citiren brauchte.

Zur Fortsetzung d. Bragur sind wir so frei, Ihnen Beiträge altdeutscher und scandin. Art hiermit anzubieten, vorausgesetzt, dass Sie uns den bestimmten Anfang des Drucks einige Zeit vorher zu eröffnen die Güte haben wollen. — Wie geht es denn Heinze in Breslau? mit dem Sie gewiss noch in Verbindung stehen. Hat er keine Aussicht bei der neuen Universität angestellt zu werden, etwa als Bibliothecar; wenn ihm nicht Büsching durch seine Reisen den Rang abgelaufen hat.

Es ist Zeit zu schliessen. Also nebst vielen Empfehlungen und mit wahrer Hochachtung freundschaftlichst der Ihrige

Jacob Grimm.

Zu einem Ex. der Kämpadatr weiss ich Ihnen nicht zu helfen, ich habe mir schon vor einigen Jahren aus dem göttinger Ex. den completten alten Text, aber ohne die schwed. und lat. Version abgeschrieben. Die Wilkinasaga besitze ich, und könnte Ihnen eine mir früher zu anderm Behuf verschaffte Abschrift der blosen latein. Version abtreten, falls Ihnen daran gelegen wäre.

---

[1] Die *silva de romances viejos* erschien freilich erst 1815.
[2] Band 2, S. 226 ff. (über Karl und Elegast); S. 284 ff. (Hornkind und Maid Rimenild).

Aus Copenhagen haben wir neulich auch Abschriften der Blomsturvalla und Jarl Magussaga empfangen. Beide schienen uns wichtiger, als wir jetzt finden. — P. E. Müllers Abh. über die Ächtheit der Asalehre, Kopenhagen 1811. 92 S. in 8. wird Ihnen auch zugeschickt worden seyn, mein Bruder hat eine umständliche Recension geschrieben, die in den heidelb. Jahrb. erscheinen wird. Ihre $\Sigma\kappa\iota\rho\nu\tau\rho ov$ $\dot{o}\delta o\iota\pi o\rho\iota a$[1] haben wir noch nicht gesehen, Rask schreibt, dass er damit recht zufrieden sey und eine Rec. davon verfasst habe. Ich weiss aber nicht, wo die erscheinen soll.[2]

VI.

erst abgegangen den 20. ejusd. Cassel 10 October 1811.

Auf meinen letzten Brief, ich glaube vom Monat Juli, habe ich unverdienterweise keine Antwort bekommen. Verzeihen Sie es daher, hochgeehrtester Herr Professor, wenn ich Ihnen schon wieder beschwerlich falle. Ich kann es indessen nicht unterlassen, mir nähere Nachricht von dem Combacher Ms. des Reinhart Fuchs auszubitten, da ich gegenwärtig stark an der Geschichte dieser Fabel arbeite und wohl fühle, dass ein solcher neuer Fund neue Aufschlüsse geben muss, mir kommen selbst Kleinigkeiten in Betracht. Meinem Fleiss würden Sie wenigstens Gerechtigkeit widerfahren lassen, ich habe das grosse Pariser *Ms. du roman de renard* bestehend aus mehr als 25,000 altfranzösischen oft schwerleserlichen Zeilen wörtlich, ja buchstäblich copirt und darin freilich gar viel Merkwürdiges angetroffen.

Am liebsten wäre mir, wenn ich das Combacher altdeutsche *Ms.* zur eigenen Ansicht und Benutzung auf einen oder zwei Monate erlangen könnte, ich würde Sie dann weniger zu bemühen haben und doch manches genauer sehen, da Ihnen natürlich die

---

[1] Gemeint ist wohl Grüters Programm zum 1. Jan. 1810: »Ueber eine griechische Nachbildung in homerischer Sprache und Versen der Nordischen Göttergeschichte Skirners Fahrt, oder die Brautwerbung des Gottes Frey;« widerabgedruckt in Bragur 8, S. 23 f.
[2] Diese Recension habe ich nicht finden können.

andern Quellen nicht sämtlich gegenwärtig seyn können. Da der Ort ganz in Ihrer Nähe liegt, so darf ich mir von Ihrer Liberalität diese Gefälligkeit versprechen, um so mehr, da Sie von Ihrem Prioritätsrecht auf das *Ms.* schwerlich öffentlichen Nutzen zu ziehen vorhaben. Im Isländischen arbeite ich fleissig fort und da lernt man jeden Tag. Ob meine Rec. der Helgaq. II. gedruckt ist,[1] weiss ich nicht, weil ich die H. Jahrb. nicht immer gleich erhalte. Manches würde ich jetzt anders und besser gesagt haben, z. b. über *jörcykr* gar keinen Zweifel erhoben. *fumus equorum cursu excitatus* steht fest, auser der Hervarars. steht das Wort Wilkinasage p. 222 und Heimskringla 2. 227 (der alten Ausg.) und wer weiss wo sonst noch. Bei he fr a armi in der vierten Str. hatten Sie mich durch die Verweisung auf *harbarzl. XXI. 1* ganz irre geführt, *hefr* (von *hefia,* heben) kann ohnedem nicht gut für *hefir, hafis* (von *hafa* haben) stehen. In beiden Fällen ist der *dativ hanom* übel erklärt, das beste *remedium* gewährt *Thorlacius obs. IV. 249,* wo die Lesart *sefr a armi* (im Arm schläft) sich sogleich als die richtige, einzige ankündigt. Der Anfang dieser Strophe ist im ersten Theil der säm. Edda p. 192. not. 31. erklärt, mit der folgenden *(inc. haufom esindi etc.)* kann *prymsq. X. XI* verglichen werden. Doch warum halte ich Sie mit nochmaliger Revision einer Arbeit auf? Sie könnten mir ohne Zweifel selbst viel lehrreichere Noten dazu machen.

Für die schwierigsten (aber auch neuesten) Stücke des zweiten Theils halte ich ohne weiteres die beiden Atlamál, unter die leichteren gehört Gripisspá etc. etc. Wie leicht und einfach sind aber selbst jene gegen die Gesänge späterer Zeit in Drottmällt und Runhendt, ich fühle wohl, dass ich noch einige Jahre studiren muss, bevor ich dergleichen zu interpretiren wagen dürfte, wenn am Ende ein solches Studium lohnt. Rechnen Sie R. Lodbroks Sterbelied, den herrlichen Nornengesang aus der Niála und Egills Hofudlausm [? Höfudrausn?] ab, was haben wir aus späterer Zeit herrliches, wogegen mir nicht ein kleines Stück der alten Lieder zehnmal lieber wäre? Welcher Ertrag, dass man die zweimal, dreimal gehäuften poetischen Reden (das re kit.) endlich versteht? es kann sie doch keine Seele nachverstehen, ohne denselben Dornen-

---

[1] Sie erschien 1811 in Nr. 63 der Heidelberger Jahrbücher. Was Grimm in dieser Recension und im Briefe die zweite Helgaquida nennt, zählt jetzt als die erste, die *Helgakvida Hjörvardssonar.*

weg zu thun. Wer kann grossen Gefallen finden an der Thorsdrapa etc. etc. die Thorlacius so umständlich commentirt hat? wer zieht nicht den einfachen Bericht der Dämrsaga vor, worin wahrlich mehr Poesie steckt? Ich habe endlich Thorlacius mir noch fehlende *observatt.* vor kurzem erhalten und bewundere die Gelehrsamkeit darin. Im Grund sind doch überhaupt die isländischen Linguisten ein bischen gelehrter als unsere Adelunge!

Fast scheue ich mich, Sie mit Anfragen zu behelligen, bevor Sie mir nicht ausdr. Erlaubnis dazu geben. Daher nur einiges aus der ersten Helgaquiþa.[1]. Wie lesen Sie die vier ersten Zeilen der siebenten Strophe *(iucip.* Drott þotti sa dauglingr vera etc.)? Lesen Sie in der neunten *ynpis lioma*, oder mit Olafsen 112. *yapis?* In der 13ten *fianda a uilli*, oder mit Olafsen *p.* 56. *fräuda a m.?* — Wie erklären Sie in der 21sten *oguar lioma? lioui*, Schein, Glanz. Aber *ognar* von *ogu terror?* anderwärts steht: *or oduccum ognarlioma* (Schreckenflamme). — Schwieriger ist Str. 24 *seiut quaþ at telia af trauno eyri*, wo die Wolsunga S. leider nur hat: nu er icke hägt at telja. Ich denke an *eyri (femin.)* Küste, und das altdeutsche T r a n, später S t r a n, jetzo S t r a n d.[2] — Str. 29. *varþat hraunnom haufn þing loga*, ist mir nicht recht klar. — Str. 44. *tauttryg hypia.* Man sicht wohl, dass *hypia* die weibliche Endung eines Adj. oder Participiums ist,[3] wie *rikia* etc. etc. und die erste Silbe in *tauttryg* ist wiederum deutlich *(conf. Ihre v. to* Lumpen, Fetzen) aber nicht so die Zusammensetzung mit *tryg.* — *Sed in his subsisto.*

Ich habe die Ehre mit vollkommenster Hochachtung zu seyn

Ew. Wohlg.

ganz ergebener

Grimm.

PS.
Sollten Sie Sich mit Besorgung des *Ms.* von Reinecke F. zu befassen nicht die Güte haben wollen, so wünsche ich wenigstens die Adresse zu erhalten, wohin man sich nach Stuttgart etc. etc. zu wenden hat?

[1]. Helgakvida Hundingsbana I.

[2] Im Originalbrief ist mit Bezug hierauf an die Seite geschrieben: in der Olaftryggvs. S. cap. 78. *(ll. Kr. 1. 295)* ein Schiff *trana.*

[3] Im Original ist hier als Einschaltung übergeschrieben: conf. *hervar. s. v. hiupa*

VII.

Hall, den 22. Nov. 1811.

Seit 10. Tagen, verehrtester Herr StaatRAuditor, dass ich Ihren letzten Brief vom 20ten in Händen habe, will ich Ihnen mit jedem Posttag eine ausfuhrliche Antwort auf diesen und Ihren vorhergehenden, mir äusserst schätzbaren vom 23. Jul. schreiben; allein mit jedem Tage trügt mich die Hoffnung, so viele Musse zu erhalten, und selbst dieser Vormittag, den ich aufs ernstlichste dazu bestimmt hatte, ist mir durch unaufhörliches Red- und Antwortgeben zu Grunde gegangen. Schon ist es Mittag, und um die Post, die um 3. Uhr abgeht, nicht abermals zu versäumen, will ich Ihnen wenigstens Ihre Hauptanfrage kurz und bestimmt beantworten, und nur als **Hauptentschuldigung** meiner Verzögerung der Antwort auf Ihren ersteren Brief Ihnen die Neuigkeit melden, dass Se. Majestät, der König, unerachtet ich kurz zuvor die allergnädigsten Versicherungen für das hies. K. Gymn. und für meine Person insbesondere erhalten hatte, sich in der Mitte des Jul. auf der Reise bewogen gefunden haben, die sämtlichen Gymnasien in denjenigen Städten, die nicht das Prädicat »Unsere gute Stadt« haben, aufzuheben. Leider war unter diesen auch die hiesige Stadt, und somit auch das K. Gymnasium. — Dass mir dieser Umstand neue Beschäfftigungen ganzeigener Art zugezogen hat, die meine literarische Correspondenz unterbrachen, können Sie nun, ohne weitere Auseinandersetzung selbst ermessen. Noch bin ich übrigens hier, und bis zu der, mir allergn. decretirten Versetzung — ist mir einstweilen mit Beybehaltung jedes *honorifici & utilis* das Rectorat des Neuen Instituts übertragen — auch bin ich noch *Ephorus* des bis jetzt nicht aufgehobenen Königl. *Alumneums*. (Von alle diesem bitte ich jedoch vor der Hand in öffentlichen Blättern keinen Gebrauch zu machen.)

Also die Handschrift des *Reynaerd de Vos* betreffend, so ist meine, schon vor Jahren eigenhändig genommene und deutlich geschriebene Abschrift in den 1sten Band von *Odina* und *Teutona* (oder den 8ten von Bragur) aufgenommen,[1] und ich konnte sie

---

[1] Bragur 8, S. 265—375.

also, als ich Ihren Brief erhielt, Ihnen nicht mehr mittheilen — denn da ich mehrere einzelne Programme d. d. darin niedergelegt habe, so glaubt' ich vorzüglich auch, dass meine vier Programme über die Merkwürdigkeiten der Comburger Biblioth. wovon die entdeckte Handschrift des flammändischen Reineke den Beschluss macht, darin des Aufbewahrens werth seyen. Diesen Abdruck des Textes sollen Sie nun sogleich erhalten, wie er aus der Presse kommt, und zwar unmittelbar nach Cassel, wozu ich die gemessenste Weisung geben werde. Auf die Richtigkeit desselben dürfen Sie sich verlassen, und unter dieser Voraussetzung wird Ihnen auch die Vergleichung mit dem Abdruck lieber seyn als mit meiner Abschrift. Die wenigen Abbreviaturen habe ich alle gewissenhaft beybehalten.

Uebrigens ist dieser *Reynaerd* in Versen, und der Verf. heisst sich Willhelm. Doch die Kürze der Zeit gebietet mir zu schliessen, und indem ich alles andere auf meinen nächsten Hauptbrief aufbehalte, lege ich Ihnen blos die Blätter aus meinen Programmen, welche davon handeln, zu vorläufiger Notiz bey.

Hochachtungsvoll indessen

Der Ihrige

F. D. Gräter.

VIII.

Cassel am 12 Mai 1812.

Die unterbrochene Correspondenz mit Ew. Wohlgeb. wieder zu erneuern würde ich mich ohne die Veranlassung des Inhalts gescheut haben. Ich weiss nicht, ob Ihnen meine Freimüthigkeit, welche neben der aufrichtigsten Hochachtung Ihrer Verdienste, (als die auf mein Lob nicht zu warten brauchten) bestand, oder etwas anderes in unseren Unternehmungen misfallen hat; so viel ist gewiss, dass mehrere Gründe zusammentrafen, um mich auf eine gewisse Ungeneigtheit Ihrerseits schliessen zu lassen. Auf meine zum Theil angelegentliche Briefe empfing ich nur kurze, eilige und späte Antworten, welche die Hauptsache absichtlich liegen zu lassen schienen; um einen anderen Beleg zu geben, Sie foderten durch gedruckte Circulare zu Beiträgen für Id. u. H. auf, dessen eines selbst an einen Freund von mir geschickt wurde, der sich nie *ex professo* mit altd. oder nord. Lit. beschäftigt hat;[1] ich bescheide mich gern, dass ich kein Recht auf diese Ehre habe und Ew. Wohlgeb. diese Zeitschrift reichlich mit lauter eigenen Aufsätzen auszustatten vermögen; es wäre mir vielleicht nichteinmal aufgefallen, wenn ich mich nicht erinnerte, Ihnen früher Beiträge zu Bragur aus freien Stücken angeboten zu haben, ohne dass darauf irgend eine Antwort erfolgt wäre. Ich denke von dem Werth meiner Arbeiten übrigens sehr bescheiden und habe des ganzen Umstandes hier nur zu **meiner Entschuldigung** erwähnt, dass ich auf Ihr geehrtes letztes Briefchen nicht geantwortet.

Die Concurrenz in dem Reinhart Fuchs kann mir durchaus nicht zur Last fallen, ich hatte erst lange nach meiner Ankündigung und erst durch Sie selbst von der Existenz des flandrischen Gedichts gehört und wäre von selbst von der natürlichen Idee, es ebenfalls zur Herausgabe zu erlangen, abgewichen, wenn ich gehört hätte, dass Sie es bereits drucken lassen wollen, worüber ich mich herzlich freue. Beide Gedichte sind im Inhalt **ganz verschieden**, und es findet zwischen uns keine Collision statt, den Vortheil der früheren Erscheinung haben Sie ohnedem dabei.

Sie haben, geehrtester Herr Professor, in Num. 17. 18. der I. u. H.[2] (die mir vorgestern zugekommen sind) einen Aufsatz über oder mehr gegen unsere Edda einrücken lassen, wir fühlten uns zu der beifolgenden Erwiederung begreiflich gedrungen, wir haben das feste Vertrauen, dass Sie lieber in kleinen Dingen ein eigenes Unrecht eingestehen, als unserm Unternehmen schaden und uns in einer für uns so bedeutenden Angelegenheit kränken wollen, wir sind so frei, um **baldigste** Insertion zu bitten, wenn auch der Mannichfaltigkeit wegen das Ganze in mehrere Blätter vertheilt werden muss. Können Sie, **ohne Ihre Kosten**, ein besonderes Intelligenzblatt dafür bestimmen, so ist das vollkommen einerlei. Sie werden sehen, dass in dem ganzen Aufsatz

---

[1] Nach Grimms nächstem Briefe ist Arnim gemeint.
[2] Jahrg. 1, Nr. 17. 18 (S. 65—68. 71—72); die Recension, von Gräter selbst herrührend, führt den Titel: ›Ueber den Aufsatz: Die Lieder der alten Edda. Eine nähere Ankündigung der Herausgabe des 2ten Theils der sämundinischen Edda von den Herrn Gebrüdern Grimm zu Cassel. Im Morgenblatt, 1812. Nr. 65. 66. 67 u. 68.‹

keine Leidenschaftlichkeit stattfindet, wiewohl sich eine gewisse Empfindlichkeit natürlich schwer verbergen liess, erblicken Sie Selbst darin, dass wir Ihnen zu allererst unsere Erwiederung unter werfen, einen Beweis unserer Hochachtung, und Offenherzigkeit. Nichts würde uns besser zeigen, dass Sie mit einer ähnlichen Gesinnung unsere Antwort aufnehmen, als wenn Sie solche für würdig halten, mit Ihren eigenen widerlegenden oder berichtigenden Fortanmerkungen zu begleiten.

In wiefern dieser Anlass unserm Briefwechsel wieder aufhilft, wird blos von Ihnen abhangen, im glücklichen Fall würde er für uns angenehme Folgen gehabt haben. Auf jeden Fall bitte ich ergebenst um ein Paar Zeilen mit einer der nächsten Posten, ob Sie den Aufsatz einrücken lassen wollen; ich habe keinen andern Ort für ihn, da die Redaction des Morgenblatts und wegen seines für ihr Publicum unpassenden Inhalts mit Recht Schwierigkeiten machen dürfte.

Der ich die Ehre habe mit unausgesetzter Hochachtung zu beharren Ew. Wohlgeb.

ganz ergebenster

Jacob Grimm.

N. S.

Mit grosser Mühe und unverhältnismässigen Kosten habe ich neulich zwei Exemplare von *Gråberg saggio istorico su gli scaldi o antichi poeti scandinavi. Pisa 1811.* erhalten, das Buch ist prächtig gedruckt (253. S. gross 8.) aber mehr deshalb und weil es von einem Schweden italienisch geschrieben worden[1] eine Rarität, als innerlich bedeutend. Gern biete ich Ihnen ein Ex. davon an und verlange dafür nichts anderes, als dass Sie mir auf 14 Tage oder höchstens 3 Wochen Ihr Exemplar von *specimen* 5. 6. 7. 8. des *Thorlacius* leihen, damit ich mir einige Blätter zu meinem heftweise empfangenen Ex. ergänzen kann.

[1] Im Original ist mit Bezug hierauf am Ende des Briefes hinzugesetzt:
auch Ragn. Lodbr. 2. ist darin grösstens übersetzt, ferner Hávamal ·

IX.

praes. 28 Mai.
[dies von J. Grimms Hand] Schw. Hall, am 20ten May, 1812.

Ew. Wohlgeborn Schreiben vom 12ten d. habe ich vorgestern den 18ten erhalten, und eile, Ihnen heute die Nachricht zu geben, dass ich Ihre Antikritik in die Beylagen von Idunna u. Herm. wiewohl natürlich mit Beantwortung derjenigen Stellen, mit denen ich mich nicht vereinigen kann, baldmöglichst einrücken zu lassen gar nicht abgeneigt bin. Nur muss ich erst das 17te u. 18te Stück zur Hand erhalten, worin meine Bemerkungen über Ihr Vornehmen, dessen Verdienstlichkeit ich ja gewiss nicht in Zweifel gezogen habe, sich abgedruckt enthalten sollen. Denn ich besitze bis diesen Augenblick (durch welchen bösen Zufall ist mir unbekannt) noch nicht mehr als die 10. ersten Stücke, und kann mich durchaus nicht mehr jedes Ausdrucks erinnern, obgleich im Ganzen, dass ich diesen Aufsatz vor der Absendung mehrfach durchgelesen, und eben, um Ihnen keinen Anlass zu Voraussetzungen, von denen Sie sprechen, zu geben, mehrere Stellen weggestrichen habe. Ueberhaupt wird der Gesichtspunct anders, nachdem Sie erklären, dass Sie blos diejenigen Lieder, die zu dem Cyclus des Heldenbuchs und der Niebelungen gehören, und nicht die *Pars altera Eddæ Sæmundinæ* im Namen des Magnäanischen Instituts oder doch als Stellvertreter desselben heraus geben wollen.

Doch darauf muss ich nun schon öffentlich antworten, und breche daher von diesem Gegenstand ab.

Sie beschweren sich über meine späten und kurzen Antworten. Allein die Hauptschuld davon war wohl die, dass meine Musse durch die Herausgabe der beyden Zeitschriften gänzlich absorbirt war.

Durch ein gedrucktes Circular bedurfte ich Sie nicht erst zu Beyträgen aufzufordern, ich hatte mir diese, so glaubte ich wenigstens bestimmt, schon schriftlich ausgebeten, und Sie antworteten mir darauf: das würden Sie, sobald Sie wüssten, dass der Druck seinen Anfang nehme.

Dass an einen Freund von Ihnen ein dergl. Circulare kam, der sich nicht *ex professo* mit den N. u. d. Alterthümmern beschäfftigt, kann ohne mein Wissen geschehen seyn, da ich einigen Freunden mehrere Exemplare dieser kurzen Aufforderung zuschickte, um solche wieder an ihre Bekannten gelangen zu lassen. Uebrigens wäre es mir doch interessant zu wissen, wer derjenige Ihrer gelehrten Freunde ist, an den diese Einladung sich verirrt haben sollte.

Wenn Ihr Reinhart Fuchs von meinem *Reynaerd de Vos* gänzlich verschieden ist, wie mir aus den Proben von Ihnen auch gleich Anfangs einleuchtend schien, desto besser! Vermuthlich haben Sie bereits den ganzen Abdruck des meinigen in Händen; denn fertig muss er seyn, obgleich ich noch keine Zeile davon gedruckt erhalten habe. So langsam gehen die Sendungen aus Breslau durch Böhmen hieher an die Schwäbische Grenze.

Leidenschaftlichkeit finde ich in Ihrem Aufsatze zwar nicht, ich wünschte aber, dass Sie auch die Empfindlichkeit unterdrückt hätten; so dürfte ich nichts darauf erwiedern, wiewohl es mir belehrend ist, hieraus zu ersehen, wie Sie mich und meine allenfallsige Einsicht in die Sache taxiren.

Ich denke übrigens bey alle dem, der Streit soll sich nicht anders als zum Besten des Guten und der Wahrheit enden, und, nachdem wir uns beyderseits unsere Meynung freymüthig gesagt, und das wahrhaft oder vermeintlich beleidigte Selbstgefühl gerächt haben, uns nur desto mehr Achtung für unsre beyderseitige Kraft einflössen, und uns vielleicht einer Freundschaft fähig machen, die sich eben darauf, und nicht auf blosse Gefälligkeiten gründet.

Wenn Sie mir indessen mit dem allernächsten Postwagen Ihr übriges Exemplar von *Gråbergs Saggio istorico su gli Scaldi etc.* zusenden wollten, würden Sie mich deswegen sehr verbinden, weil eben in der Sammlung m. Schr. über die Nord. Vorzeit derjenige Bogen in der Presse ist, der die Zusätze zu dem Regner Lodbroksgesang anfängt. Vielleicht könnt' ich davon noch Gebrauch machen. Eben so willkommen wär' es mir, wenn Sie ein zweytes Exemplar von Rask Isländische Sprachlehre besässen, und dieses beyfügen wollten. Durch welches Geschick ich sie noch nicht erhalten habe, weiss ich nicht. Aber dass ich sie noch nicht besitze, ist gewiss. In der A. L. Z. hatte ich übrigens Ew. W. sogleich als den Verfasser der ausführlichen Kritik hierüber, die mir sehr interessant gewesen ist, erkannt.

Leid ist es mir übrigens, Ihren Wunsch in Hinsicht der *Spec. Thorlacii* nicht auf die Art erfüllen zu können, wie es Ihnen am angenehmsten zu seyn scheint. Das 4te und 8te könnte ich Ihnen in keinem Falle zuschicken, weil das 4te mit den früheren zusammengebunden ist, die ich wegen einer mythologischen Auseinandersetzung, die sich gerade auf diese Gegenstände bezieht, nicht entbehren kann. Und das 8te besitze ich noch nicht. Das 6te und 7te ist ebenfalls zusammengebunden; ersteres könnte ich gegenwärtig wohl entbehren, aber letzteres nicht. Ich erbiete mich daher, da Ihnen nur einige Blätter fehlen, Ihnen solche in den ersten zwey Tagen nach Empfang der nöthigen Anzeige dieser Blätter mit der grössten Genauigkeit abschreiben zu lassen, und nach sorgfältiger Revision Ihnen solche ohne Verzug zuzusenden. Dagegen wünsche ich ein Exemplar von *Spec. VIII.* das die Fortsetzung des Commentars von *Thórs-drapa* enthalten wird. Können Sie mir dieses lehnsweise oder einstweilen abschriftlich verschaffen, so werden Sie mich verpflichten, und ich will gerne die Kosten dafür ersetzen, so wie für *Gråbergs Saggio.*

Hochachtungsvoll, indessen

Ew. Wohlgeboren

gehorsamster Diener

Graeter.

N. S.
Dieses Schreiben sollte heute den 21sten mit der reitenden Post abgehen, kam aber um einige Minuten zu spät; es kann daher erst übermorgen, den 23sten d. abgeschickt werden.

X.

Cassel 29 Mai 1812.

Es macht mir viel Vergnügen, hochgeehrtester Herr Professor, Ihren Wunsch zu erfüllen und Ihnen gleich mit der heutigen Fahrpost den Gråberg zuzusenden; wäre es nur etwas besseres. In der That und nun gar für einen geborenen Schweden, gehört eigene Unverschämtheit dazu, mit einer so elenden Abhandlung der wichtigsten, schwersten Gegenstände hervorzutreten; für Ihre R. L. 2. wird sich aus den einzelnen hier paraphrasirten oder excerpirten Strophen kaum etwas Gutes nehmen lassen. Der Vf. (der sonst in der mittleren Geographie rühmliche Einsicht haben soll) scheint gar nichts von dem zu wissen, was seit den letzten 50 J. in Dänemark geschehen und geschrieben ist; Sie müssen Sich doch die Mühe nehmen, die Schrift zu durchlaufen und ich bin überhoben, es jetzt noch einmal zu thun, um ein Paar lächerliche Beispiele zum Besten daraus zu geben. Französische Critiker haben das Buch nicht genug gewusst zu loben, ich denke nächstens eine ganz entgegengesetzte Rec. zu schreiben, und selbst den schönen Druck, als unnütze Verschwendung zu tadeln.[1] Sehen Sie also bei diesem kleinen Beitrag zu Ihrer Bibliothek, weniger auf den innern Werth, als auf den *animum domantis*.

Dass Sie unsere Erwiederung in Ihre Zeitschrift aufnehmen wollen, erkenne ich mit schuldigem Dank und hatte es ganz so erwartet; durch Aufrichtigkeit werden unter rechtlichen Leuten Misverständnisse am besten und reinsten aufgehoben, die Gerechtigkeit mittelt sich so von selber aus und auch über den Ton unserer Polemik werden wir in Zukunft nicht weiter Ursache haben gegen einander zu klagen. Da mir jede Zögerung des Abdrucks unangenehm ist, so werden Sie mich durch dessen Beförderung sehr verbinden, um so mehr, als ich doch glaube, dass es auf buchstäbliche Einsicht Ihres Aufsatzes nicht ankommt, wir ihm auch nirgendwo einen andern Sinn untergelegt haben, als den er wirklich hat.

Schmeichelhaft war mir die Voraussetzung, worunter Sie glaubten mich wirklich zu Beiträgen für Id. u. H. aufgefodert zu haben, indessen gehe ich so eben Ihre Briefe durch und finde keine Silbe davon, ja nicht einmal eine Erwähnung der Zeitschrift, deren Erscheinung ich erst durch die öffentlichen Blätter erfuhr. Wie ich also in dieser Beziehung geschrieben haben soll, dass ich nur den Anfang des Druckes abwarten wolle, begreife ich gänzlich nicht. Arnim war gerade hier bei uns zum Besuch, als er die, wo ich nicht irre eigenhändig von Ihnen unterschriebene gedruckte Einladung empfing und uns zeigte, ich durfte wohl von ihm sagen, dass er die altdeutsche Poesie nicht *ex professo* treibe, wiewohl er sich dafür lebhaft interessirt und es ihm ein leichtes seyn

---

[1] Diese Recension erschien in Nr. 317 der Leipziger Literatur-Zeitung, 1812.

müsste, sie mit geistreichen Ansichten zu beleben; auch Dobrowsky aus Prag schrieb mir beiläufig ein Circular erhalten zu
haben, dieser würdige Gelehrte würde freilich auch ein Fach, worin
er nicht zu Hause ist, durch die Mannichfaltigkeit seiner Kennt-
nisse erläutern können; es ist Ihnen daher in der Sache durchaus
nicht zu verdenken, dass Sie solche Namen für ein Unternehmen
zu gewinnen suchten, welches, wenn es einmal in der Gunst des
Publicums feststeht, hoffentlich auch einen um das doppelte ver-
mehrten Spielraum fodern wird.

    Auch die früher versprochenen Druckbogen des Reynaert
Vos habe ich niemals bekommen, bitte aber nun, da das Ganze
schon fertig ist oder bald seyn wird, die deshalbige Bestellung
nicht zu erneuern, weil mir dadurch unnöthige Portokosten ent-
stehen würden. Inmittelst hat Wekherlin den Neugierigen
einige Proben mehr gegeben,[1] (in Ihrer Ausg. wird das ohne
Zweifel correcter erscheinen, z. B. S. 132 grongaerde ist soviel
als unser: Grün oder Gelbschnabel — *cf. Thorlac. sp.* VI. 126 —
Seite 139 sind die Namen falsch abgetheilt, *ibid.* vederslach st.
wederslach u. s. w.) es erhellt, dass die comb. H. S. leider nur
einen Theil des flandrischen Gedichts aufbewahrt hat, denn
dass dem Inhalt nach ebensoviel gereimt vorhanden gewesen
seyn muss, als unser plattd. Gedicht gibt, beweise ich sehr leicht
mit dem alten delfter Druck der Prosa, worin am Ende nicht
weniger als am Anfang die alten Reime häufig durchschimmern.
Ich denke aus Ihrer Ausgabe für den Commentar des vatic. Gedichts viel Nutzen zu ziehen, dieser wird etwas umständlich werden,
allein über die Thiernamen mehrere Bogen lang.

    Seitdem ist auch in neueren Blättern der Id. Ihre Übersetzung
der Vol. Q. gedruckt erschienen,[2] leider ohne den Originaltext,
ich war auf manche Variante gespannt, und nun werden wir immer
noch einige Zeit warten müssen. In der Abtheilung der Strophen
weichen wir ab, den Eingang in Prosa werden Sie hier absichtlich
ausgelassen haben. Ihre Übersetzung lässt sich sehr gut lesen,
eben aber wegen der Freiheit, die Sie sich, der Gewandtheit im
Deutschen zu gefallen, genommen haben, ist es schwer zu be-

---

    [1] »Beyträge zur Geschichte altteutscher Sprache und Dichtkunst. von Ferdinand
Weckherlin. Stuttgart 1811«; S. 125—151: »Zur Geschichte und Litteratur des
Reineke Fuchs.«

    [2] Idunna und Hermode, Jahrg. 1, Nr. 19 und 20: »Das Lied von dem
finnischen Königssohn Wölunder«.

stimmen, ob Sie einige Phrasen anders verstehen oder wirklich andere Lesarten haben. Str. 3. sagen sie: und am 9ten da kostets Müh — der *C. reg.* enn inn niunda nauþr um scilþi; zweideutig nachdem man nauþr durch Noth oder Verwandschaft, Ehe (wie das lat. *necessitudo*) erklären will. Str. 4: die trefflichen Schützen; der *cod. reg.* hat den *sing.* u. vegreygr. Str. 6: blank war sein Harnisch. *C. r.* negldar voro brynior, genagelt, beschlagen waren die Brynien etc. etc. Weiter zu verfolgen, fehlt es heute an Zeit, damit das Paquet die Post nicht verfehlt. Melden Sie mir doch gefällig in Ihrem Nächsten, wie der *c. vidal.* die 4 ersten Zeilen (Fiordungr) Ihrer neunten, die 4 ersten Ihrer zwölften, die 4 letzten Ihrer 26ten liest? und ob Sie Str. 22 und 32 undir fen fiöturs haben, welches mir dann in Ihrer Uebersetzung zu allgemein ausgedrückt scheint; fen wüsste ich durchaus nur durch Sumpf, Moor, plattd. fenn, finne (s. Adelung *h. v.*) zu verstehen, wie wohl fiöturs nicht ganz dazu passen will. Str. 26. *initio:* mehr Schönheit wies sie, da bracht er Bier" setzt um so eher eine verschiedene Lesart voraus, als *Thorlac. sp. IV. p. 71.* mit einer leisen Änderung (*vissi* statt *kunni*) gleich dem *Cod. reg.* liest: bar hann hana biori, þuiat hann betr kunni, auch übersetzt: *utpote qui doctior.* Doch ich gerathe wieder hinein, wo ich abbrechen wollte, interessant waren mir die orthographischen Varianten Chlodwer, Chladgudr, wofür wir *hlauþver, hlaþguþr — Bakrader* Str. 37. wohl Druckfehler für Dakradr, da das Metrum *prakraþr* verlangt, was ich im Deutschen durch Dankrat geben würde, wie takke danken. Gegen die Anwendung der Reime hätte ich weniger, als dagegen, dass Sie dabei keine gleiche und feste Regel halten. Allein unleugbar würde Ihre Übersetzung durch diesen Zwang anderwärts wieder eingebüsst haben. Dies lobende und tadelnde Urtheil gilt auch von der übrigens nicht minder gelungenen Übersetzung des runhendischen Lieds· von Ormr Sturleson[1] (in dessen island. Abdruck die vierte Zeile der ersten Str. ausgefallen, aber wohl leicht zu restauriren ist.) Unter Ihren übrigen Aufsätzen in I. u. II. ist mir Ihre Rec. der müllerschen Abh.[2] lehrreich gewesen, besonders wegen der nachgewiesenen allerdings merkwürdigen Stelle.

[1] Idunna und Hermode, Jahrg. I, Nr. 13: »Sniolfs Lied, von dem Kampf in dem Dorfe Grund auf Island. 1362.«
[2] Idunna und Hermode, Jahrg. I, Nr. 7; über P. E. Müller's Schrift über die Echtheit der Asalehre.

Was die von mir gewünschten Hefte des *Thorlac.* betrifft, so muss entweder ich mich verschrieben, oder Sie mich misverstanden haben. Denn *sp. 4.* das Sie jetzt nicht entbehren wollen, brauche ich gar nicht, da ich es vollständig habe. *Sp. 8.* habe ich ebenfalls noch nicht, nebst mehrern Sachen, die Hammerstein für uns angekauft, hält es zu Lübek Quarantaine und Gott weiss, wann es ankommen wird, sollte es sich doppelt finden, (denn dies ist leicht der Fall) so versteht sich, dass Ihnen ein Ex. zu Dienst steht. *Sp.* 7 besitze ich von pag. 1—128. Da Sie dieses durchaus nöthig haben, so bitte ich, falls des fehlenden nicht gar zu viel, mir eine Copie davon zu senden. Von *sp. 6.* habe ich nur 1—64 (*fin. verbis: est Iduna at*) es mangelt also ziemlich, in gleichem Verhältnis mangelt mir in *sp. 5.* Da Sie *sp. 5.* jetzt gar nicht brauchen, so erwarte ich dies von Ihrer Güte mitgetheilt, *sp. 6.* könnten Sie wohl (wenn kein kostbarer Band zu verderben) von *sp.* 7. losschneiden, der demnächstige neue Einband geht auf meine Kosten. Sie legten wohl noch Sjöborgs Rígsmál zur Einsicht bei. Ich sende Ihnen alles gewiss 14 Tage nach Empfang wieder, weil ich mir das fehlende nicht wörtlich abschreiben, sondern blos excerpiren will, denn ich bekomme das Ganze doch einmal *in natura.* So vermeiden wir die Kosten der Abschrift und Ihnen wird die Mühe der Correctur erspart. Haben Sie die Güte das Paquet mit nächstem Postwagen abzusenden. Mein Bruder empfiehlt sich mit mir Ihrer Freundschaft und Gewogenheit. Hochachtungsvoll der Ihrige

J. Grimm.

N. S.

es fällt mir eben ein, um dem bösen Zufall, der Ihnen Ihre eigene Zeitung vorenthält, einen Streich zu spielen, dass ich dem Paquet mein Ex. von n. 17 u. 18 beilege. Dies verübeln Sie gewiss nicht, da mir aus äus. Gründen an der Förderung unseres Aufsatzes liegt. Ich bitte aber die beiden Blätter den *spp. Thorlac.* wieder beizulegen.

Im Originalbriefe ist auf der ersten Seite an den Rand geschrieben:

Zu einem Ex. von Rasks Gr. weiss ich leider keinen Rath zu schaffen. Der böse Schlagbaum!

XI.

Cassel 24 Juli 1812

Werthgeschätzter Herr Professor,

Sollten Sie das nun schon 2. Monate an Sie abgesandte Paquet mit Gråbergs Saggio und einigen Num. von Id. und H. nicht mit dem Postwagen empfangen haben? Ich gerathe darüber nach und nach in Unruhe, da ich erwarten durfte, dass Sie diesmal mich nicht so lang harren lassen würden, zudem ich um eine Gegenmittheilung dringend bat.
Ebensowenig ist bis zu N. 29. der Idunna der bewusste Artikel abgedruckt, dafür findet sich ein boshafter Ausfall Hagens.[1] Sollte dieser das andere bei Heinze hintertreiben? Gewiss gegen Ihren Willen. Leid thut es mir auch dass Heinze einen schon vor 4 Jahren oder länger geschriebenen Aufsatz meines Bruders anficht,[2] in dieser Zeit ändern sich die Ansichten, wenn man in demselben Fach fortstudirt, hier und da und es wäre sehr leicht Hrn Heinze noch ganz andere Waffen an Hand zu geben. Doch auf allen Fall ehren wir seinen Ernst und Eifer und wie es scheint Parteilosigkeit. Ueber andere Aufsätze der Zeitschrift hätte ich Ihnen mancherlei zu sagen, einstimmend und abweichend, weiss aber nicht, ob Sie es hören mögen.
Eben ist von uns eine neue Edition und Erklärung des alten Fragments von Hildebrand u. Hadubrand, desgl. des berühmten wessobrunner, das Sie auch einmal commentirten,[3] erschienen.

[1] »Wie es in den Wald hinein schallt, so schallt es wieder heraus«; datiert vom 14. März 1812 und gerichtet gegen Jacob Grimms Recension von Hagens Buch der Liebe (in der Leipziger Litteratur-Zeitung 1812, Nr. 62—64); Idunna und Hermode, Jahrg. 1, Anzeiger Nr. 13.
[2] »Ueber die Anwendung der nordischen Mythologie auf Germanien«, Idunna und Hermode, Jahrg. 1, Nr. 29; gerichtet gegen Wilhelm Grimms »Ueber die Entstehung der altdeutschen Poesie und ihr Verhältniss zu der nordischen« (in Daub und Creuzers Studien, 1808, S. 75—121. 216—288).
[3] Bragur 5, S. 118—155: »Das älteste teutsche Gedicht nach der, aus dem einzigen Originale desselben in dem Bayerischen Kloster Wessobrunn von Herrn Pater Anselm Ellinger verfertigten, ersten diplomatischen Abzeichnung in Kupfer gestochen. Erläutert von F. D. Gräter.«

Auch das letztere ist in seiner alliterirenden Gestalt dargestellt und somit Ihr damaliger Zweifel, ob es wirklich ein Gedicht? gelöst. Bei erstem weichen wir oft genug von Reinwald ab. Dies ist ein bloser Einschluss und soll Ihnen daher nicht als förmlicher Brief angerechnet werden, mit herzlicher Hochachtung

der Ihrige
Grimm.

XII.[1]

Stuttgard, den 23. Aug. 1812.

Hochzuehrender Herr Staatsraths-Auditor,

Es ist mir unangenehm, dass ich Ihrem eigenen Vorgang zu Folge mit einer so fremden Anrede meine lange verzögerte Antwort beginnen soll. Zwar scheine ich eben deswegen es zu verdienen; allein ich scheine es nur. Unter allen neueren Schriftstellern über Nordische und Altteutsche Literatur hat mir in der That keiner soviel Bewunderung und Achtung eingeflösst als Sie. Es ist vielleicht eine Folge Ihres grossen Strebens und des idealischen Bildes der Vorzeit, das noch jugendlich schön vor Ihrer Seele steht, wenn Sie mit mehr Geringschätzung, als es billig scheint, allein oder in Verbindung, auf andre herabsehen; denn ich empfinde das Unrecht, das andern geschieht, gewöhnlich tiefer, als das, was mir selbst angethan wird. Ohne bestimmt jetzt die Fälle angeben zu können, in denen ich diess gefühlt habe, muss ich es Ihnen im Allgemeinen bekennen; und es dünkt mich, wenn Sie mir erlauben, aufrichtig zu seyn, Männer, die mit solcher Thätigkeit und Umsicht, und mit so glücklichen Verbindungen, arbeiten, bedürften es gar nicht, ihren Ruhm mit auf den Schatten anderer zu gründen.

Wie Sie es nehmen mögen, und ob meine Empfindung eine blosse verwerfliche Eigenliebe oder ein gerechter Stolz ist, ich

---

[1] Dieser Brief gieng erst mit dem vom 5. Sept. ab; s. u.

kann nicht leugnen, auch auf mich selbst hat die Art Ihres Urtheils und Ihres Benehmens einen unangenehmen Eindruck gemacht. Sie geben ihm zwar in Ihrem vorletzten Briefe nur den Namen einer Empfindlichkeit, allein sie ist etwas mehr, und mein Wunsch, dass sie diese möchten unterdrückt haben, war gewiss gerecht. Wir, die wir beyderseits zur Ehre und Empfehlung des poetischen und mythischen Alterthums des Nordens arbeiten, hätten uns am wenigsten entzweyen sollen. So kommt es mir wenigstens vor; und von Ihnen allein hing es ab.

Doch vor allem zur Beantwortung Ihres letzten Briefes vom 24. Jul. den ich erst vor einigen Tagen, kurz vor meiner Abreise nach Stuttgard erhielt.

Das Paket mit Gråbergs *Saggio* und den Nummern 17 u. 18. von Idunna u. Herm. ist allerdings an mich angekommen, aber bey weitem nicht so lange schon, als Sie glauben. Ich zögerte hierauf nicht, Ihre Antikritik, die ich in dieser Form und Ausdehnung, so wie mit den darin enthaltenen Voraussetzungen und gegenseitigem Tadel in der That für unnöthig hielt, nachdem ich meinen eigenen Aufsatz, so wie den Ihrigen, nochmals durchlesen hatte, — Schritt für Schritt zu beantworten. Auch hab' ich Ihrer Aufforderung gemäss das vollständige Verzeichniss des Widalinianischen Codex mitgetheilt. Uebrigens war es mir keineswegs eine angenehme Arbeit, und ich hätte mich gern derselben überhoben gesehen. Dessenungeachtet, da Sie ihre Antikritik nicht zurücknehmen, auch die Empfindlichkeiten, durch die Sie mich gewissermaassen herausfordern, nicht unterdrücken wollten, musst' ich Sie abgehen lassen, und gerade so, wie sie ist. Ich konnte mich aber gleichwohl — da mich diese Spannung zwischen uns, so wie überhaupt jede, peinigt, — nicht enthalten, am Schlusse zu bemerken, man möchte diesen ganzen Streit für nichts als eine Disputation halten, ein Act, bey dem man auch, nach einem beyderseits heftigen und empfindlichen Kampfe, am Ende doch bey einem fröhlichen Doctorschmause sich wieder vollkommen auszusöhnen pflege, und ich überzeugte mich, dass der gegenwärtige Ihnen so wenig als mir vor den Augen des Publicums zum Nachtheil gereichen werde. Wie dem aber auch nun sey, ich wiederhohle es, die Beantwortung ging mir grösstentheils *contre coeur*, und ich habe sie als eine Art von abgenöthigter Selbstvertheidigung betrachten müssen.

Wenn sie etwas später erscheint [1] (bis Nr. 30 hab' ich sie noch nicht gefunden) so ist wohl der Umstand mit daran Schuld, dass sie für die reitende Post nicht geeignet war, und der Postwagen Gang von hier nach Breslau ein sehr trauriger Gang ist. Uebrigens könnte sie nun doch wohl eingetroffen und abgedruckt seyn. Doch sind mir schon, sogar Briefe, zwey Monate lang unterwegs gewesen.

Was Hagens Ausfall, wie Sie es heissen, und Heinze's Aufsatz betrifft, so konnt' ich nichts darüber sagen, indem ich so eben erst hier in Stuttgard, die Nummern, worin sie sich befinden, erhalten habe. Ersterer ist gänzlich ohne mein Wissen von Heinze eingerückt, und mir grösstentheils unverständlich, da ich die Stücke der Leipz. Lit. Zeit., worauf er sich bezieht, noch nicht gelesen habe. Auch hätte ich kaum errathen, dass er Sie gelte; und überhaupt sind mir alle Streitigkeiten dieser Art unangenehm. Sind sie es denn nicht auch Ihnen?

Heinze's Aufsatz enthält vieles, mit dem ich einverstanden bin, wiewohl er vollendeter seyn könnte. Auch ich konnte mich mit den Ansichten Ihres Herrn Bruders nicht vereinigen. Uebrigens liegt in dieser Verschiedenheit der Meinungen durchaus keine Beleidigung.

Eben so wenig halte ich es für Beleidigung, wenn Sie mir die Verschiedenheit Ihrer Ansichten über die Aufsätze in Idunna mittheilen, die ja ohnehin gar nicht die Prätention in sich halten, in letzter Instanz abgesprochen zu haben. Sie regen die Untersuchung grösstentheils blos an, und geben Anlass zu weitern Forschungen. Aber jemand soll und muss anregen. Theilen Sie mir Ihre Bemerkungen mit, und erlauben Sie mir davon öffentlichen Gebrauch zu machen, nur mit der einzigen Bedingung, dass die Auswahl derselben mir überlassen bleibe. Auch in Bragur habe ich ja sehr oft Dinge zur Sprache gebracht, die ohne diess vielleicht jetzt noch nicht, vielleicht nie gründlicher wären untersucht worden, wie ZB. über die teutschen Geschlechts-

---

[1] Weder Grimms Antikritik noch Grüters Metakritik ist erschienen. Auch die Manuscripte beider sind weder in Grüters Nachlass, noch, wie Herr Professor Herman Grimm mir mitzutheilen die Güte hatte, in dem der Brüder Grimm. Es fehlt mir also auch jeder Anhaltspunkt, um über die Berechtigung von Grüters Vorwürfen mir irgend ein sicheres Urtheil bilden zu können.

namen,[1] über die Volkslieder und ihre Musik,[2] über die Gothischen Quittungen[3] etc. Gleiche Bewandtniss hat es mit dem Wessobrunner Denkmal,[4] das nun auch Sie, wie Sie mir schreiben, bearbeitet haben, und wovon der zweyte Theil meiner Bearbeitung ja bereits seit 15 Jahren die Leipz. Censur passirt hat, aber noch bis diese Stunde ungedruckt liegt.[5] Sie irren sich übrigens, wenn Sie glauben, ich hätte es nicht gleich Anfangs für ein Gedicht gehalten, und erinnern sich vermuthlich nicht, was ich darüber in meinem ersten Programm über die Entdeckung der Anwendbarkeit der Königsweise auf unsre jetzige Sprache gesagt habe. Ich bin indessen sehr begierig, wie Ihre Alliteration, und meine, vor 15 Jahren versuchte in diesem Denkmal, miteinander einstimmen oder auch abweichen werden.

Durch die Bearbeitung des Fragments von Hildebrand und Hadubrand erwerben Sie sich in jedem Falle ein grosses Verdienst. Von Ihnen war diess auch vorzüglich zu erwarten. Hätten Sie mir lieber diese Ihre beyden neuesten Werke nebst dem über den Meistergesang, als den gänzlich trostlosen *Saggio istorico* zugeschickt, wofür ich mir übrigens die Rechnung zu machen bitte.

Hiebey fühle ich mich indessen einigermaassen beschämt, da Sie durch die Abänderung Ihrer Wünsche mich ausser Stand setzten, Ihnen sogleich meine Dankbarkeit zu beweisen. Und somit komm' ich auf die Beantwortung Ihres vorhergehenden Briefes, den ich ebenfalls mit hiehergenommen habe, weil ich in den einsamen Abenden oder Nächten im Gasthof eher als zu Hause zu einer ruhigen Beantwortung Musse zu haben glaubte.

Es ist Ihr Brief vom 29ten May mit *Gråbergs* Versuche. Ihr Urtheil über den letztern ist ganz das meinige. Nur suche ich noch einen Grund der Entschuldigung darin auf, dass er in Italien von allen Hülfsmitteln entblösst ist (Eichhorn führt er doch an — sollte dieser in seiner Literargeschichte nicht unterrichteter und nicht gerechter seyn?) und einen andern zu seinem Lobe — dass er die Italiener wenigstens zuerst auf Nordens Schätze, wenn

---

[1] Bragur 5, Abtheilung 1, S. 61 ff.; Abthl. 2, S. 65 ff.; Bragur 6, Abth. 2, S. 100 ff. (Die letzte Abhandlung ist übrigens von A. C. Niz).

[2] Bragur 3, S. 207 ff. Auch sonst enthält die Zeitschrift viel von Volksliedern.

[3] Bragur 7, Abth. 2, S. 60 ff.

[4] S. Anm. 3, S. 41.

[5] Ist nicht erschienen.

gleich mit unzähligen Misgriffen aufmerksam macht. Ich habe daher meine, in der ersten Unzufriedenheit niedergeschriebene Kritik wieder zerrissen, und will sehen, ob sich das Werk nicht billiger beurtheilen lässt.[1] Ich wünschte das auch in Hinsicht Ihrer Antikritik. Denn ich leugne Ihnen gar nicht, dass Sie in derselben die Mässigung und Schonung meiner Bemerkungen nicht beobachtet haben. Denn in jenen befinden sich meines Erachtens nur zwey Stellen, die falsch gedeutet werden konnten — das *innfialgt* betreffend — und der Schluss. Allein so wahr es scheint, dass das erstere gestraft heisse, um am Ende zu sagen, dass Sie die Strafe nicht verdienen, — so auffallend war die Sache nicht sowohl, oder doch nicht allein mir, sondern vielmehr andern. Ich assumirte also das Widerspielende oder Seltsame, was sie darin fanden, um am Ende sie durch die Erklärung zu beschämen, dass es ein blosser Druckfehler sey, den sie mit einiger Aufmerksamkeit eben so gut hätten sehen können, als ich. Was aber das zweyte betrifft, so ist es mein voller Ernst.[2] Falls Sie sich alles dessen erinnerten, was ich in 20. Jahren über die Zögerung des Magnäanischen Institutes gemahnt habe, und das Interesse pflichtmässig finden, was ich an den Pflichten dieses Instituts für den Dänischen Ruhm schon aus meiner langjährigen Verbindung nehmen muss und nehme, konnt' es Ihnen kaum auffallend seyn. Gegen Sie war es indessen keineswegs gerichtet, und schwerlich wird unter den gegenwärtigen Constellationen auch diese starke Anmuthung einige Wirksamkeit hervorbringen können. Aufrichtig gestanden aber müsste Ihnen

[1] Es erschien nur eine ganz kurze »vorläufige« Anzeige in Idunna und Hermode, Band 1, Nr. 50 (S. 199).

[2] Gräter warf am Schlusse seines Artikels (Idunna und Hermode, Jahrg. 1, S. 72) die vorwurfsvolle Frage auf: »ob denn Dänemark wirklich diesen nordischen Nationalschatz [d. h. den von den Brüdern Grimm herausgegebenen zweiten Theil der Edda] — ohne Schmerz in fremde Hände geben, und dem ewigen Vorwurf gleichgültig zusehen könne, dass die Nachwelt einst sagen wird: das sonst so patriotische Dänemark . . . . . sei nicht stolz, reich, thätig oder mächtig genug gewesen, um dem ersten Theile der Edda aus dem Fonds des magnäanischen Legats, und dem gelehrten Reichthum seiner Stipendiaten und Vorsteher, einen zweiten in seiner eigenen Hauptstadt nachfolgen zu lassen?« — Das oben erwähnte *innfialgt* war durch Druckfehler in der Ankündigung der Grimmischen Edda an eine falsche Stelle gerathen, und Gräter hat dies in etwas umständlicher Weise in seiner Besprechung (a. a. O. Seite 66 f.) auseinandergesetzt, so allerdings, dass sich die Brüder Grimm kaum ernstlich verletzt fühlen konnten, wiewohl sich ein gewisser nergelnder Ton nicht verkennen lässt.

die Vorarbeit des Magnäanischen Instituts gewiss selbst die willkommenste Gabe seyn. Allein Sie haben in diese Antikritik so viel Neues gezogen, und durch Belehrungen theils, die Sie mir geben, theils durch wirkliche spottende Anspielungen mich gar zu sehr herausgefordert, dass ich zwischen meiner Hochachtung und Liebe für Sie und anderer Seits zwischen der Pflicht für mich selbst nur eine peinigende Wahl hatte. Wie wird es wohl Ihnen nach 20. Jahren gefallen, wenn ein späterer Schriftsteller, (wie es ebenfalls seyn kann) Ihre zwanzigjährigen, von dem Publicum anerkannten Forschungen mit gleicher Geringschätzung behandelte? gesetzt auch, dass Sie alle Hochachtung für die seinige empfänden, und die grössten Hoffnungen daraus für die Fortbildung und Vervollkommnung der Wissenschaft schöpften? Schwerlich — doch genug hierüber.

Ihr Versprechen, mir (nicht gerade zu der Alterthumszeitung, die erst später entworfen wurde, aber genau damit zusammenhängt, sondern) zu der Fortsetzung von Bragur überhaupt, jetzt *Odina* und *Teutona* betitelt, Beyträge zu senden, befindet sich in Ihrem Briefe vom 23. Juli 1811., wobey Sie blos zur Bedingung machen, dass ich Sie von dem Anfang des Druckes unterrichte, welches ich nicht unterlassen zu haben glaube. Was die Alterthumszeitung betrifft, so erfuhr ich Herrn Bahrdts Entschluss selbst erst kaum vor dem Anfang des Drucks.[1]

Doch nun zur Hauptsache. Ich versprach Ihnen abzuschreiben oder unter meinen Augen und meiner Revision abschreiben zu lassen, was Ihnen an *Thorlac. Specim.* abgehe. Darüber hätt' ich auch gewiss mit einer der nächsten Posten Wort gehalten. Allein in Ihrem spätern Briefe verlangen Sie diese *Specimina* selbst mitgetheilt nebst *Sjöborgs Rigsmál*. Das setzte mich in Verlegenheit, denn da ich bey dem fortgehenden Druck meiner Gesammelten Schriften über d. Nord. Vorzeit und ihrer Revision keinen Tag weiss, ob ich dieses oder jenes Hülfsmittels zur Vergleichung benöthigt bin, so konnt' ich ohne hie und da den Drucker aufzuhalten, kein Buch dieser Art weggeben, wenigstens so lange nicht, als die kritischen Vergleichungen dauerten, und diese sind noch nicht am Ende. Wenn Ihnen aber meine Copie nicht entgegen ist, so will ich Ihnen das Fehlende eigenhändig, wie ich

---

[1] Gemeint ist Idunna und Hermode, welche als »eine Alterthumszeitung« im Verlag von Grass und Barth in Breslau erschien.

versprochen habe, abschreiben, und lege Ihnen die ersten 3. gedruckten Seiten von der *II. Sect.* des *Specim. VI.* zur Probe bey, weil Sie ausdrücklich melden, dass Sie dieses *Specimen* nur bis *p.* 64 besitzen. Die Fortsetzung geht bis *p.* 82 und von da an 5. Seiten Varianten. Hingegen besitze ich das *Spec. VII.* ebenfalls nur bis *p.* 64. Die letzten Worte sind *exequi incipiunt; hinc phra* — Das *Spec. VIII.* aber kenne ich noch gar nicht, weiss auch seinen Inhalt nicht.

Sie melden mir, dass Sie das *Spec. VII.* bis 128. besitzen. Allein Rühs citirt in seiner Edda S. 150. eben dieses *Spec.* schon bis *p.* 184 und darin eine Stelle, die mich sehr interessirt, Thorlac. Erklärung von *Ygdrasill*, die ich im Ganzen wohl vor der meinigen kannte, aber auf deren glückliche Ausführung im Detail ich begierig bin. Vermuthlich ist das *Spec. VIII.* nichts als eine Fortsetzung des *Spec. VII.* Was halten Sie von Rühs Behauptungen?

Aber nun ist es hohe Zeit, dass ich für heute schliesse. Die Mitternachtstunde hat längst geschlagen. Von Petersen[1] hörte ich diesen Abend, der würdige Dobrowsky[2] sey noch hier, und werde morgen früh nach Tübingen gehen. Vielleicht treff' ich ihn noch, das würde mich sehr freuen.

Den 25ten Aug.

Der verehrungswürdige Dobrowsky geht heute erst. Seine Forschungen sind von grosser Wichtigkeit für die Völkergeschichte, und vielleicht zünden sie auch den Sprachmischungen des Nordens ein neues Licht an. Auch den bewundernswürdigen Jüngling, Weckherlin, habe ich persönlich kennen lernen. Von beyden erfahre ich erst, dass Sie K. Bibliothekar sind, eine Stelle, um die Sie bey solchen Forschungen von mir wahrhaft könnten beneidet werden.

Den 27ten.

Die Ruhe, die ich mir hier versprach, ist nun auch bereits am Ende. Hätt' ich noch einen solchen Abend, wie vorigen Sonntag, so würde dieser Brief noch eins so lange werden. Schwerlich aber ist diess zu erwarten. Nur mit zwey Worten

---

[1] Bibliothekar in Stuttgart; † 1815.
[2] Der bekannte Begründer der slawischen Philologie, geb. 1753, † 1829

noch diess. Im Museum¹ fand ich Ihre Recension von Weckherlins Beyträgen. Ich wunderte mich von Ihnen das Urtheil zu lesen, dass meine Entdeckung des *Reynaerd de Voes* unnöthig sey.² Wenn auch *Van Wyn* (oder irre ich mich) in seinen *Avondstonden* eines gereimten niederl. Reineke's gedenkt — ist es darum schon unnöthig, diesen zu entdecken? oder unverdienstlich, für seine Erhaltung zu sorgen? — Doch darüber, wenn ich das Blatt selbst erhalte, mehr.

Ich würde nun schliessen, und den Brief von hier abgehen lassen, allein unglücklicher Weise vergass ich, auch die von Ihnen erhaltenen Blätter der Id. u. H. mit hieher zu nehmen. Also muss es schon bis künftige Woche anstehen.
Indessen voll Hochachtung

der Ihrige

Gräter.

XIII.

Cassel 28 Aug. 1812.

Nachdem Ew. Wohlgeb. den schon am 18 Mai richtig empfangenen Aufsatz über Ihre Bemerkungen zu unserer Eddaausgabe während einem ganzen Vierteljahr nicht haben abdrucken lassen, so fordere ich solchen, nebst den geliehenen Blättern Ihrer Zeitung hiermit zurück und gestatte Ihnen von Empfang dieses Schreibens an, weiter kein Recht darüber.

Hochachtend übrigens

Ew. Wohlgeb. ergebener Diener

Jacob Grimm.

---

[1] Vielmehr in der Leipziger Literatur-Zeitung 1812, Nr. 205, Sp. 1633—1638.
[2] Grimm hat den Vorwurf des unnützen Bemühens (a. a. O. Sp. 1637) nicht gegen Gräter, sondern gegen Weckherlin erhoben.

XIV.

P. P.

Hall, den 5ten Sept. 1812.

So eben erhalte ich hier Ihre Zuschrift vom 28. Aug. Der strenge Ton derselben macht mich verlegen, ob ich Ihnen den, in Stuttgard an Sie geschriebenen Brief beylegen soll, oder nicht. Doch ja hier ist er; indessen, da Sie für immer brechen zu wollen scheinen, mit der Bedingung, dass kein öffentlicher Gebrauch davon gemacht werde.

Die Blätter 17. 18. von I. u. H. folgen hiemit ebenfalls. Aus dem Stuttgarder Briefe ersehen Sie, dass Ihr Aufsatz nebst meiner Beantwortung längst nach Breslau abgegangen ist. Wahrscheinlich also befindet er sich bereits in der Presse, oder ist er schon abgedruckt.

Sollte es nicht seyn, und wollen Sie ihn überhaupt in dieser Form unterdrücken (doch diess steht bey Ihnen) so soll er nebst der Antwort zurückgerufen werden.

Gegenwärtiges kann nach der hiesigen Einrichtung erst übermorgen mit dem Postwagen abgehen.

Mit vollkommener Hochachtung

Ew. Wohlgeboren

7. Sept. 12.

geh. Diener

Graeter.

XV.[1]

Hall, den 19. Sept. 12.

Ihre Ansicht und die meinige sind allerdings noch sehr verschieden, und ich stehe ganz in der Meinung, dass nicht ich, sondern Sie zuerst öffentlich geurtheilt haben, was Sie, wofern Sie als Freund handeln wollten, unstreitig unterlassen, und mir

---

[1] Mehrere Stellen dieses Briefes beweisen, dass ein von Grimm zwischen dem 5. und 19. September geschriebener Brief verloren gegangen ist.

privatim Ihre Bemerkungen würden mitgetheilt haben. Ich weiss wohl, was Sie dagegen anführen können, allein — es war in keinem Falle der Weg zur Freundschaft, sondern zu einer öffentlichen Prüfung und Darlegung der Kräfte. Gewiss kenne ich ganz den Werth der Odinischen Lehre, die Sie mir aus *Hávamál*[1] citiren, und Niemand kann die Freundschaft höher schätzen als ich, allein dieser menschenkundige Lehrer gibt auch für andere Verhältnisse einen Rathschlag, den ich glaubte befolgen zu müssen.

Indessen ist vielleicht der Rückschritt von beyden Seiten nicht zu spät, und dann fangen wir *à conto nuovo* an. Mit eben dieser Post geht ein zweyter Brief nach Breslau, um zu redressiren, was redressirbar ist, falls es überhaupt mit dem vorigen Briefe nicht bereits zu spät war.

Bey Ihnen lag es doch in der That, auf meine Bemerkung, dass ich die Empfindlichkeit aus Ihrer Antikritik weggewünscht hätte, Rücksicht zu nehmen. Ich bat allerdings nicht darum, das konnten Sie auch im Ernst nicht erwarten, so wie ich überhaupt die Zurücknahme von beyden Seiten für kein Opfer aus Gefälligkeit, sondern für ein Opfer, das der guten Sache der Literatur und der Humanität gebracht wird, halten würde.

Gesetzt nun aber auch, dass Ihr Aufsatz bereits abgedruckt gewesen wäre, und meine Antwort folgen müsste — so bin ich gleichwohl, immer noch zur Vereinigung bereit, und halte sie für möglich. Bis Nr. 35. finde ich nichts. Ihren Aufsatz im Morgenblatt habe ich gelesen. Diesem nach erwarten Sie ja den Abdruck, und fordern ihn noch.[2]

Kurz, es lässt sich nun durchaus nichts thun noch sagen, bis ich gewiss bin, was in Breslau geschehen ist oder nicht.

Indessen zweifeln Sie in keinem Falle an meiner Vorneigung zu jedem ehrenmässigen Frieden, falls Sie mich nur hiezu selbst in den Stand setzen. Zweifeln Sie auch nicht, dass ich dasjenige,

---

[1] S. Havamal 41 ff.

[2] In der Beilage zur Nummer des Morgenblatts vom 14. September 1812, ›Uebersicht der neuesten Literatur‹ enthaltend, steht eine gegen v. d. Hagen gerichtete Erklärung der Brüder Grimm hinsichtlich ihrer Eddaausgabe; in einer Anmerkung dazu heisst es: ›In einem früheren Aufsatz, gerichtet gegen einige Bemerkungen des Hrn. Professor Gräter, womit er unsere Abhandlung über die Edda im Morgenblatt begleitet hat, haben wir schon auf diese Weise uns über die Collision erklärt. Er ist schon am 18. May in den Händen des Hrn. Gräter gewesen, der versprochen, ihn in derselben Zeitschrift erscheinen zu lassen, bisher aber noch immer zurückgehalten worden.‹

was ich wirklich als Unrecht erkenne, mit Vergnügen jederzeit zurücknehme, falls ich mich geirrt habe. Ihrer Herausgabe der Eddischen Lieder würde indessen selbst meine Beantwortung Ihrer Antikritik keinen Eintrag thun, so wie überhaupt nie eine solche Absicht in mir gelegen hat.

Gräter.

XVI.[1]

P. P.

Hall, den 4. Nov. 1812.

Gestern endlich — die Ursache der zweymonatlichen Zögerung hievon ist mir ein unangenehmes Räthsel bis jetzt — erhielt ich von Heinze die bestimmte Nachricht, dass Ihr Aufsatz und meine Beantwortung desselben wirklich zurückgenommen ist.

Senden Sie mir also entweder einen andern, der von aller Empfindlichkeit frey ist, oder geben Sie mir bestimmt die Hauptpuncte an, in denen Sie sich gekränkt glauben, und ich will thun, was der Wahrheit und Humanität gebührt.

Nicht ein Wort schreibt mir Heinze von der Erscheinung der Odina, und doch hatte ich schon vor 14 Tagen oder noch länger von einigen Orten her Danksagungen für die, in meinem Namen überschickten Frey-Exemplare erhalten. Ich, der Herausgeber, habe bis diese Stunde noch keins, und keine Nachricht. .

Auch von Idunna hab' ich seit Anfang Septembers nichts mehr gesehen.

Flüchtig indessen konnt' ich vor 8. Tagen in ein solches angekommenes Freyexemplar sehen; ich schlug nur auf, und fand: Das Lied vom schönen Midas!! (Midel) und — *pro etiam?!* (soll heissen *proclium!*).[2] Ich hatte genug daran, und schlug wieder zu. Darum meldet man mir nichts, darum schickte man keine Revisions- oder doch Aushänge-Bogen.

[1] Ob diesem Brief ein weiterer Jacob Grimms vorausgieng, lässt sich nicht sicher ersehen. Eine Andeutung eines solchen scheinen die Worte »wo steht Ihre Recension von Rühs?« zu enthalten.
[2] Es lohnte nicht, die beiden Druckfehler zu suchen.

Haben Sie ein Exemplar erhalten? Auch das wünsche ich zu wissen.

Wo steht Ihre Recension von Rühs?[1]

Ist das *Spec. VIII.* von *Thorl.* in Ihren Händen? und die herausgegebenen Sagen, von v. d. Hagen? Was enthalten Sie?

Soviel für heute. Verzeihen Sie der Eile.

Ich bin mit herzlicher Hochachtung

der Ihrige
Graeter.

N. S. Das *pviat hann betr kunni* des *Cod. Reg.* wie ich jetzt sehe, in der *Vöₗ. Q.* hat freylich einen ganz andern Sinn. Ich las: *pviat hon meirr om veitti. Thorlac.* hat *vissi.* Vielleicht ist es aus diesem *veitti* entsprungen.

Diess gelegentl. zur Antwort auf eine frühere Frage.[2]

XVII.

Hall, den 5. Dec. 1812.

Für Ihren Hiltibrad und Hathubrand, den ich vorgestern erhielt, sag' ich Ihnen meinen aufrichtigsten Dank. Eine Bearbeitung desselben war vorzüglich von Ihnen zu wünschen. Schade, dass das Fragment nicht zugleich in Kupfer gestochen ist. Bis jetzt hab' ich indessen nicht Ruhe genug gehabt, um Ihr schönes Werk zu studieren, wie sichs gebührt, jedoch schon im Durchlaufen mehreres gefunden, in dem ich mit Ihnen vollkommen einverstanden bin. Es ist in der That sehr merkwürdig, und ein neuer (für mich, sonst nicht) Beweis, dass es thöricht ist, die Möglichkeit sogar

---

[1] In der Leipziger Literatur-Zeitung 1812, Nr. 287 f.
[2] S. Grimms Brief vom 29. Mai 1812 (S. 36). Alle neueren Eddaausgaben haben die Lesart des Cod. Reg. (Völundarkvida 28; Grimm a. a. O. citirt »26«).

abzuleugnen, es liessen sich noch Bruchstücke aus Karls d. Gr. veranstalteter Sammlung auffinden.¹ Was Ihre Commentirung des Wessobrunners Gedichts betrifft, so habe ich nicht sowohl gegen Ihr Verdienst die Alliteration zu entziffern und darin zu finden (es können ja zwey, ohne von einander zu wissen, auf dieselbe Entdeckung gerathen, wie denn auch das Ihrige mit dem Meinigen sehr übereinstimmt) etwas einzuwenden, als darüber, dass mir wohl etwas mehr bey diesem als ein blos brauchbarer Commentar² zuzuschreiben war, zumal da man in München den Codex so lange besass, ohne das Zeichen ✷, welches nicht leicht zu erklären war, ja ohne selbst das ꓶ, zu entziffern. Uebrigens sind wir ganz auf demselben Wege, und es freut mich. Auch dass Sie das ✷ für ein Runenzeichen ansprechen,³ ist mir sehr lieb. Hoffentlich wird längere Forschung und Nachsuchung es immer mehr bewähren, was ich schon vor 20. Jahren behauptet habe, dass nur die frühere Austilgung des Heidenthums in Teutschland uns die meisten Beweise und Denkmale für die genaue Uebereinstimmung mit dem Norden (besonders in Poesie, Mythologie, Schrift und Sprache) zu Grunde gerichtet hat, dass aber dessenungeachtet in dem heidnischen Teutschland keine andere (im Ganzen) gewesen seyn kann noch wird.

Was unsre unterdrückte Streitsache betrifft, so lassen Sie nun Ihren Aufsatz so wie den meinigen ruhen. Nächster Tage werde ich eine kurze Erklärung darüber absenden, und nur die Hauptsache berühren, um die es sich drehte. Hätte ich Ihre Antwort früher erhalten, so wäre mirs beynahe lieb gewesen. Hagens Edda, Blomsturvalla- Volsunga- und Regnar-Lodbroks-Saga, nebst einem Theil der jüngeren *Edda* habe ich vorläufig angezeigt, und hier blos gesagt, dass es mich freut, diese Data in Händen zu haben, wenn auch immerhin starke Druckfehler sich finden etc. habe auch nicht unterlassen, die vorangesetzte fleissige Literatur nach meiner wenigen Einsicht zu loben — das immer zu prüfen hab' ich mir vorbehalten. Auch ist über Ihre letzte Erklärung von demselben eine Antikritik eingekommen, und wieder abgegangen, die mich übrigens ruhig dünkt.⁴ Allein ich wünschte in Zukunft Idunna von allen dergleichen Streitigkeiten gereinigt

---
[1] S. Grimm, die beiden ältesten deutschen Gedichte u. s. w. S. 43 f.
[2] S. ebendaselbst S. 86.
[3] S. ebendaselbst S. 85.
[4] Dieselbe findet sich in Idunna und Hermode 1812, Nr. 51 (S. 201 ff.).

zu sehen, und werde in der Erklärung in Hinsicht des künftigen Anzeigers diese Rubrik noch streichen, wenn es möglich ist. Hätte Hr. Heinze nicht angefangen, gegen mein Wissen und meinen Willen die erstere einzunehmen, ich würde es der dritten nicht gestattet haben. Doch bitte ich hievon keinen öffentlichen Gebrauch zu machen.

Was Ihren Hiltibrad u. H. betrifft, so ist der erste freye Abend einer Anzeige desselben gewidmet,[1] und ich wünsche, etwas umständlich seyn zu können, *bona mente* — nur das sag' ich. Ihnen zum Voraus, dass ich die Uebergehung dessen, was von mir für das Wessobrunner Denkmal geschah, nicht übergehe; doch dürfen Sie darauf rechnen, dass es so geschieht, wie teutsche Männer sich dasjenige sagen, was ihnen nicht gefällt. Die bemerkten Druckfehler sollen aufgenommen werden.

Dass Sie Odina[2] noch nicht erhalten haben, dass Sie die Aushängebogen nicht erhielten, ist nicht meine Schuld. Ich selbst — halten Sie es für glaublich? — habe noch kein Exemplar. Wenn Sie mich wegen eines correcten Drucks glücklich priesen, so mochten Sie wohl den Grund dazu aus den ersten Blättern der Idunna nicht geschöpft haben. Anzeiger Nr. 4. »die wir für die Welt und nicht blos ums Leben! anstatt »uns leben!« ist wohl so arg als das Lied vom schönen Midas. So auch in der Anzeige von Müllers Asalehre: prosaisch wiss., die Or kreyinga-Saga, Snorro, der jüngere Hattalykill!! und Sämund Erodr — Nr. 9. Fänsol, Hölas P. Friga, und in der Anzeige von Öhlenschlägers *Digtninger* — »wo Ewald die Walkyre Rota zu der furchtbaren Macht, statt: »zu der Furchtbaren macht« und s. w. u. s. w. deren Anzeige und Abdruck ich immer noch vergeblich erwarte. Dessenungeachtet kann der Druck des *Reynaerd* correcter seyn, worauf wenigstens Heinze alle Sorgfalt zu verwenden versprochen hat.

Ihren vorigen Brief erhielt ich erst nach Abgang des Meinigen. Verloren ist er nicht. — Was das Prachtwerk betrifft, so sind Ihre Gründe vollkommen wahr, aber sie treffen nicht mich. Entweder kommt es gar nicht, oder Sie haben gewiss

---

[1] Ich finde eine solche weder im Bragur noch in Idunna und Hermode.

[2] D. h. den achten Band des Bragur (1812, mit den Nebentiteln »Odina und Teutona, Band 1« und »Braga und Hermode, Band 5«). Dieser Satz und mehreres andere beweisen übrigens den Verlust eines weiteren Grimmischen Briefes.

weder Täuschung, noch Uebereilung, noch Misbrauchung des Müllerschen Grabstichels zu befürchten.¹ Wissen Sie es gewiss, dass Abrahamson² todt ist? Mir geht (wenn es so ist) sein Verlust sehr nahe. Ich bitte um bestimmtere Nachricht. *Rigsmál* kann ich wahrlich nicht entbehren, aber eine Abschrift kann ich nehmen lassen, wenn Sie darauf bestehen.

Der Ihrige

Gräter.

XVIII.

Cassel 9 Januar; 1813.

Odina und Teutona habe ich endlich dieser Tage in einem hiesigen Buchladen gefunden und mit Musse durchgesehen; am wichtigsten war mir darin, wie sich versteht, der Reynaert Vos,³ nächstdem Ihre Abhandlung über den Königstitel⁴ und Ihr Versuch Skirnisför ins Griechische zu übertragen.⁵ Jens Möllers Preisschrift⁶ misgönne ich, offenherzig zu gestehen, die 80 S. die sie einnimmt, sonderlich, wenn ich bedenke, was zurückgelegt worden ist. Beim Reynaert geht es nicht ohne Druckfehler ab, wie Sie selbst vermutheten, (wer kann sich davor retten, bei bestem Willen, man

[1] Erschienen ist dieses Werk nie. Eine bedeutende Anzahl von Zeichnungen nordischer Götterfiguren, die für dasselbe gefertigt worden zu sein scheinen, befindet sich in Gräters Nachlass, *Cod. misc. fol. 31 a.* der k. öffentlichen Bibliothek zu Stuttgart.

[2] Werner Hans Fredrich Abrahamson, dänischer Officier und fruchtbarer Schriftsteller, geb. 1844, † Sept. 1812; s. Nyerup und Kraft, Litteraturlexikon S. 7 f.

[3] Odina und Teutona S. 265—375.

[4] Ebendaselbst S. 151—170: »Ueber das Alter und den Ursprung des teutschen Königstitels.«

[5] S. Anm. 1, S. 27.

[6] Odina und Teutona S. 46—120: »Wäre es der schönen Literatur des Nordens zuträglich, wenn die alte nordische Mythologie eingeführt und von unsern Dichtern statt der griechischen allgemein angenommen würde? Eine akademische Preisschrift von Jens Möller, aus dem Dänischen übersetzt von Blok Töxen.« (Die Aufgabe war [s. a. a. O. S. 47] schon 1800 gestellt worden, aber zwischen 1802 und 1812 erschien kein weiterer Band von Bragur.)

wird einmal von der Correctur abgerufen und übersieht einen Satz beim Wiederanfangen; so ist im Hildebrandslied einmal stehen geblieben: *lithos-tratos* (1) statt *litho-strotos*, fan statt fern etc. doch sind mir beim Durchlesen überhaupt keine schwierige oder entstellte Lesarten aufgefallen, die ich mir nicht getraute zu erklären und zu reinigen. Ich tadele, dass Sie 1.) keine Interpunction beigefügt haben; ein bei diesem Gedicht, wo der Sinn selten mit der Zeile ruht und worin oft ein lebhafter Dialog stattfindet, empfindlicher Mangel. 2.) dass die Abbreviaturen geblieben, ja einige sogar in Holzstöcken repräsentirt sind. Sie waren hier, ich wage zu sagen, sämmtlich, leicht aufzulösen und aus ihrer Figur ist nichts, das ich wüsste, zu lernen. 3.) über die Orthographie und Varianten der Eigennamen hätte ich eine Notenharmonie gewünscht, so wie durchgehende Vergleichung mit dem Plattdeutschen. 4.) Sie sagen in der Vorrede XXIX „über dieses letztere Werk hätte ich mehreres zu erinnern; aber ich verspare es auf eine andere Gelegenheit und mit Absicht". Ich wünschte, Sie hätten das deutlicher ausgedrückt; ich errathe Ihre Absicht nicht, selbst wenn sie sich auf meine vorhabende Ausgabe des R. bezöge. Sie können mir freilich öffentlich einwenden, dass niemand das Recht habe, Ihnen Ihre Absicht, die Sie für sich behalten wollen, abzufordern, und auch ich bin weit entfernt, es einmal *privatim* zu thun; jenes war ein bloser Wunsch.

Beim Lied vom Morgener[1] ist der Abgang der Interpunction weniger anstössig; für ungeübte Literatoren hätte immerhin, däucht mir, bemerkt werden mögen, dass das schon sonst mehrmals gedruckte vom Möringer genau dasselbe, und letztere Lesart sogar die richtigere sey (so auch Neyffen statt Eyffen). In meiner Abhandlung über den Meistergesang (gegens Ende in den Zusätzen[2]) habe ich bemerkt, dass dieser Möringer mit dem Minnesänger Morungen vermuthlich zusammenfalle.

Was sagen Sie, dass wir eine altdeutsche Zeitschrift auf eigene Hand wagen?[3] Die Zeit konnte nicht ungünstiger seyn, aber es war zu spät, das erste Heft ist schon ausgegeben und enthält einen Aufsatz über Parcifalls berühmtes Versinnen in die Blutstropfen;[4]

[1] Ebendaselbst S. 200—210: »Des edlen Ritters Morgeners Wallfahrt in St. Thomas Land.«
[2] Über den altdeutschen Meistergesang, S. 184.
[3] Die altdeutschen Wälder.
[4] S. 1—30.

auserdem etwas über Agges und Elegast.¹ Die folgenden Hefte sollen Ihnen besser gefallen, das Februarstück wird ein interessantes ungedrucktes Fabliau² enthalten. Sie sehen vor allen Dingen, dass wir mit Ihrer Alterthumszeitung nicht im geringsten collidiren; die Aufsätze werden meistens so gross seyn, dass sie 3 oder 4 Stücke jener gekostet hätten, wenn sie Ihnen sonst zur Aufnahme auch geeignet geschienen hätten. Ich empfehle Ihnen beiliegende Anzeige zur Empfehlung und Unterstützung.³ Hoffentlich greifen wir uns beiderseits unter die Hände, indem wir das Publicum desto mehr aufregen und vielseitig stimmen. Wenigstens ist dies mein wirklicher Glaube und eine äuserliche Collision mein letzter Gedanke.

Haben Sie wohl schon unsere Kinder und Haus Märchen zu Händen und angesehen, die vorigen Monat ausgegeben worden sind? (Berlin Realschulb.) Nahe an hundert, aus mündlicher Tradition treu gesammelte Märchen! Mit dem Sammeln und Beiträgen dazu gehts so gut von statten (wider Erwarten) dass wir binnen Jahresfrist einen ebenso inhaltsschweren (dies Wort verdient die Sache, nicht unsere Mühe darum) zweiten Band nachfolgen zu lassen denken.⁴ Ich hatte Sie längst bitten wollen, es aber stets vergessen, oder damals, als wir uns entzweiten, nicht gewagt, uns schon zum ersten Band einen Beitrag zu liefern, der ihn sehr verschönert haben würde; ich weiss von Arnim, dass Sie das liebliche Märchen vom Zuckerhäuschen und dem Wolf, der darin sitzt, in schwäbischem Dialect besitzen; erfreuen Sie mich durch dessen Mittheilung und Erlaubnis es abdrucken zu dürfen, (versteht sich, dass Ihnen alle Ehre zugewendet wird) oder wenn Sie das nicht thun wollen, so geben Sie ihm doch einen Platz in Ihrer Idunna. Überhaupt könnten Sie in diesem Fach uns viel reiches und lebendiges aus dem Schwabendialect mittheilen und andere Landsleute aufregen. Sie können denken, wie erwünscht mir solche Beiträge wären. Wenn Sie wollen, trete ich Ihnen dafür andere altdeutsche *inedita* ab. Abrahamson ist leider gewiss todt. Die fehlenden Sachen aus *Thorl. spec.* habe ich nun glücklich beisammen. Mit vollk. Hochachtung der Ihrige

Grimm.

[1] S. 31—34.
[2] Gemeint ist wohl die Erzählung Von zwein Kaufmann, S. 35—71.
[3] In Idunna und Hermode finde ich keine Anzeige der altdeutschen Wälder.
[4] Erschien 1814, mit der Jahreszahl 1815.

[Auf den Rand der zweiten Seite geschrieben:]

Hagens Antwort[1] nennen Sie ruhig; ich mit vollkommener Ruhe nenne sie matt und unbedeutend. Rühs hat mit unsäglicher Grobheit meinen Bruder anticritisirt,[2] wird aber schön abfahren. Meine Rec. ist nun auch gedruckt. Nov. der Leipz. Lit. Z.[3] (*à propos* nehmen Sie doch Heinzen seinen vermuthlichen Wahn, dass ich die Idunna daselbst recensirt habe,[4] sonst perhorrescire ich öffentlich.) Gegen Rühs erscheinen in Dänemark 2 Schriften von Müller und Rask, sagen Sie dies aber vorläufig noch nicht weiter.[5]

XIX.

Hall, den 11. Febr. 1813.

Das ungeheuer lange Ausbleiben der Odina ist allein Schuld, dass ich Ihnen auf Ihre gütigen Mittheilungen erst heute antworte, und die Versicherung beyfüge, dass nun mit dem Postwagen, der künftigen Montag von hier abgeht, ein Exemplar derselben von meiner Hand an Sie erfolgen wird.

Eben dieses 2monatliche Ausbleiben aller Nachrichten von Breslau, so dass ich selbst bis Ende Januars nicht wusste, ob Idunna mit dem neuen Jahre fortgehe oder nicht,[6] hat auch alle meine Arbeiten und Sendungen dafür sistirt. Was gleichwohl von mir kommt, sind nur Ueberreste und Lückenbüsser des vorigen Jahres.

[1] S. Anm. 4, S. 54.
[2] Wo, konnte ich nicht finden. Auf den Ton dieser Antikritik lässt sich vielleicht ein Schluss ziehen aus dem Aufsatz von Rühs »Ueber Herrn C. W. Grimms Isländische Sprachkenntniss« in Idunna und Hermode 1813, Anzeiger Nr. 10 (12. Juni 1813), welcher nicht grob, sondern pöbelhaft ist.
[3] Leipziger Literatur-Zeitung 1812, Nr. 287 und 288 (17. und 18. Nov.).
[4] 1812, Nr. 231 (17. Sept.).
[5] Bei Nyerup und Kraft finde ich nichts angeführt, was sich mit Sicherheit mit den beiden Schriften identificieren liesse. Mir steht von Rasks und Müllers Werken zu wenig zu Gebot, um selbst entscheiden zu können.
[6] Das Blatt ging bis 1816 fort.

Ueber Ihren mir sehr wichtigen Hildubrand und Hathubrand liegt daher auch meine versprochene Anzeige nur angefangen noch da. Sie haben mir ein ungemein werthes Geschenk damit gemacht. Die noch mitgetheilten Druckfehler werde ich ebenfalls bemerken.

Eine durchgehende Vergleichung des *Reynaerd de Vos* mit dem Plattteutschen war wohl nicht möglich. Bedenken Sie selbst, diess würde sich so ausgedehnt haben, dass der ganze Band allein auf diesen Gegenstand gegangen wäre.

Die *reservatio mentalis* in der Vorrede betrifft Sie keineswegs.[1] Glauben Sie ja nicht, dass ich auch nur entfernt gegen Ihre Bearbeitung und Ausgabe eines handschriftlichen Reineke das mindeste auf dem Herzen habe. Im Gegentheile freue ich mich sehr darauf. *Non omnia possumus omnes*. Dass ich meinen e i g e n e n Fund auch nach langen Jahren endlich s e l b s t abdrucken liess, damit habe ich blos eine gerechte Pflichtfoderung an mich selbst erfüllt. Dass die Abbreviaturen nicht sehr schwer waren, weiss ich wohl, doch wenn der Typograph damit zufrieden ist, wenn das gleichwohl Genauere und Sichere dem möglich-unsichern vorgezogen wird, warum wollen Sie das ohne Noth tadeln?

Der jetzige Abdruck des Liedes von Möringer ist ohne Zweifel älter (und daher der Bekanntmachung werth) als der schon ehmals in Bragur gegebene von Herrn Präl. Schmidt.[2]

Rühs handfeste Antwort oder Antikritik habe ich gelesen. Wenn er Recht behielte, so passte sich das Motto darauf:

Hvem har Rätt? — jo den som hackar
Ögat ut på Träto — Bror'n.

Ich habe indessen Ihre Rec. in der *Leipz.* (*ni fallor*) und Ihres Herrn Bruders in den Heidelb. J.[3] selbst gelesen, und beyde mit grossem Vergnügen. Nur schienen Sie mir in der *Leipz.* ihm noch zu viel einzuräumen, oder wenigstens sich zu weit einzulassen. Doch diess nur aus schon geschwächter Erinnerung.

Von H e i n z e habe ich nichts gegen Sie gelesen, wenigstens bis jetzt nicht. Wo soll denn diese Behauptung stehen?

Was ich zu Ihrem Unternehmen einer eigenen Zeitschrift sage? Dass es mir sehr wohl gefällt, und dass ich Ihren gemein-

---

[1] Siehe Grimms Brief vom 9. Jan. 1813 (Seite 57).
[2] Bragur 3 (1794), S. 402—415.
[3] Heidelbergische Jahrbücher 1812, Nr. 61 und 6°.

schaftlichen Eifer, Ihren Forschungsgeist, Ihre Unermüdsamkeit und den Reichthum Ihrer Arbeiten bewundere, so wie es mir beneidenswerth erscheint, in brüderlicher Gemeinschaft auf einem so seltenen, (und zu den Brodstudien in keinem Falle gehörigen, nur von dem Enthusiasmus für das Schöne und Grosse und Biedere der Vorzeit ergriffenen Felde fortschreiten und solche Riesenschritte machen zu können.

Noch ist mir indessen von Ihren Wäldern nichts zu Gesichte gekommen. Ich bin sehr begierig darauf.

Von Collision kann nicht die Rede seyn. Wenn auch beyde Zeitschriften gleichen Zweck hätten, es würde doch kaum in einem Menschenalter alles, was noch dahinten liegt, können erarbeitet werden.

Auch Ihre Kinder und Hausmährchen kenne ich, wie ach! so vieles noch nicht. Wenn Ihnen mit dem Mährchen vom zuckerigen Häuschen, dessen sich vermuthlich Herr v. Arnim erinnerte, gedient ist, steht es Ihnen allerdings zu Befehl. Nur bedarf es dabey meines Namens keineswegs. Zwey andere wären indess interessanter, wenigstens poetischer, allein der Himmel weiss, ob ich einmal Ruhe und Gelegenheit gewinne, sie doch durch Vettern und Basen aus der Vergessenheit zu retten.

Geben Sie mir doch nähere Kunde von Abra[ham]*sons Tod. Der trefliche Mann verdiente w[enigstens]* ein *sta viator*. Um *Thorlac. Spec. VIII.* wag' ich Sie nicht zu bitten, da ich, wenn gleich hier die Nothwendigkeit eintrat, meine Hefte bey der Hand zu behalten, gegen Sie in demselben Falle unfreundschaftlich habe erscheinen müssen.

Genug für heute. Vielleicht ist schon die Post versäumt.

Hochachtungsvoll,

der Ihrige

Graeter.

* am Rand abgerissen.

XX.[1]

Hall, den 28. Febr. 1813.

Meinem Versprechen gemäss habe ich endlich die Ehre, Ihnen ein Exemplar meiner *Odina* und *Teutona* selbst zu übersenden. Nehmen Sie diess einstweilen als eine **abschlägliche** Vergütung für *Gräbergs Saggio istorico* an. Ihre altteutschen Wälder habe ich noch nicht gesehen. Das Kindermährchen ist noch nicht abgeschrieben. Von Idunna 1813. kenne ich erst Nr. 1—3.
Diess in Eile. Hochachtungsvoll

Der Ihrige

Graeter.

N. S.
Meine Handschrift des *Reynaerd de Vos* ist noch nicht zurückgekommen. Ich konnte daher die etwaigen Druckfehler Ihnen nicht zugleich mittheilen. Diess ein anderes Mal.

[1] Es scheint nicht, dass zwischen diesem und dem vorhergehenden Brief einer von Grimm verloren gegangen sei.

AUS DEM VERLAGE
VON
GEBR. HENNINGER IN HEILBRONN.

Alte gute Schwänke, herausgegeben von *Adelbert von Keller.* Zweite Auflage. 1 Mark 80 Pf.

Altfranzösische Sagen, gesammelt von *Adelbert von Keller.* Zweite Auflage. 6 Mark.

Goethes Westöstlicher Divan. Mit den Auszügen aus dem Buch des Kabus, herausgegeben von *K. Simrock.* Brochirt 3 Mark. In eleg. Leinwandbd. 4 Mark 40 Pf.

Der arme Heinrich des Hartmann von Aue, übersetzt von *K. Simrock.* Mit verwandten Gedichten und Sagen. Zweite Auflage. Broch. 3 Mark. In eleg. Leinwandbd. mit Goldschn. 4 Mark 40 Pf.

Friedrich Spees Trutz Nachtigall, verjüngt von *K. Simrock.* Broch. 3 Mark. In eleg. schwarz. Lwdbd. mit Goldschn. 4 Mark 40 Pf.

Schimpf und Ernst nach Johannes Pauli. Als Zugabe zu den Volksbüchern erneut und ausgewählt von *K. Simrock.* 5 Mark.

Italienische Novellen, ausgewählt und übersetzt von *K. Simrock.* Zweite verbesserte und vermehrte Auflage. 4 Mark 20 Pf.

Christoph Martin Wieland's Leben und Wirken in Schwaben und in der Schweiz, von *Dr. L. F. Ofterdinger.* 4 Mark 50 Pf.

Tell und Gessler in Sage und Geschichte. Nach urkundlichen Quellen von *E. L. Rochholz.* 10 Mark.

Die Aargauer Gessler in Urkunden von 1250—1513, von *E. L. Rochholz.* 6 Mark.

Deutsche Lieder. Festgruss an Ludwig Erk zum fünfzigjährigen Dienstjubiläum. Dargebracht von *Anton Birlinger* und *Wilhelm Crecelius.* 1 Mark 60 Pf.

Carmina clericorum. Studentenlieder des Mittelalters. Edidit domus quaedam vetus. Zweite Auflage. 1 Mark 20 Pf.

Die Niflungasaga und das Nibelungenlied. Ein Beitrag zur Geschichte der deutschen Heldensage, von *A. Raszmann.* 5 Mark.

Reiserechnungen Wolfgers von Ellenbrechtskirchen, Bischofs von Passau, Patriarchen von Aquileja. Ein Beitrag zur Waltherfrage. Mit einem Facsimile von *J. V. Zingerle.* 2 Mark.

Das Steinbuch. Ein altdeutsches Gedicht von Volemâr. Mit Einleitung, Anmerkungen und einem Anhange herausgegeben von *Hans Lambel.* (Unter der Presse.)